THOMAS SÜNDER
Wer Ja sagt, darf auch Tante Inge ausladen

Der Autor

Thomas Sünder, Jahrgang 1975, wuchs in einem hessischen Dorf auf und studierte in Marburg alles, was man für den Job eines professionellen Hochzeits-DJ braucht: Neuere Deutsche Literatur und Medien, Philosophie und Kunstgeschichte. Nach einem Volontariat zum PR-Berater machte er sich als Musiker, DJ und Texter selbstständig. Er hat in acht Jahren über dreihundertfünfzig Hochzeiten als DJ begleitet. Im Klartext: Er hat zusammengenommen mehr als ein ganzes Jahr mit und auf Hochzeiten zugebracht.

www.thomas-suender.de
www.hochzeithochzwei.de

Das Buch

… soll angehenden Ehepaaren bei der Planung und Umsetzung des schönsten Tages in ihrem Leben behilflich sein. Denn sofern das Brautpaar keine heimliche Hochzeit in Las Vegas plant, sitzt ihm bestimmt schon Monate vorher die Angst im Nacken: Was, wenn die Feier zu einer jener gefürchteten Gruselveranstaltungen verkommt, weil steife Reden, langes Sitzen bei üppigen Menüs, langweilige Beiträge und gezwungene Unterhaltungen die Laune trüben?

Die meisten Feste könnten rauschen und Gastgebern und Gästen für alle Zeiten in fröhlichster Erinnerung bleiben, gäbe es nicht eine Liste von Planungsfehlern, die immer wieder begangen werden, obwohl sie vermeidbar wären. Doch aus Fehlern – selbst aus den Fehlern anderer – kann man lernen. Thomas Sünder hat diese Fehler zusammengetragen, benennt die schlimmsten Hochzeitssünden und gibt konkrete Ratschläge – für eine gelungene Hochzeitsfeier!

Thomas Sünder

Wer Ja sagt,
darf auch Tante Inge
ausladen

Tipps vom Profi
für die perfekte Hochzeitsfeier

blanvalet

Zum Schutz der Persönlichkeitsrechte sind die Namen aller in den folgenden Anekdoten genannten Personen geändert. Angaben, die eine genaue Identifizierung der jeweiligen Feier ermöglicht hätten, wie etwa Namen von Orten und Beschreibungen von Locations, wurden abgeändert. Die Erlebnisberichte zeigen die Dinge aus der Sicht des Autors, und diese muss nicht mit der Wahrnehmung oder Meinung anderer beteiligter Personen übereinstimmen.

Verlagsgruppe Random House FSC® N001967
Das FSC®-zertifizierte Papier *Holmen Book Cream* für dieses Buch
liefert Holmen Paper, Hallstavik, Schweden.

6. Auflage
Originalausgabe April 2013 bei Blanvalet Verlag, München,
einem Unternehmen der Verlagsgruppe Random House GmbH
© 2013 by Blanvalet Verlag, München,
in der Verlagsgruppe Random House GmbH
Lektorat: Doreen Fröhlich
Umschlagillustration: © Illustration Johannes Wiebel | punchdesign,
unter Verwendung eines Motivs von RoboLab/Shutterstock.com
BL · Herstellung: sam
Satz: Uhl + Massopust, Aalen
Druck und Einband: GGP Media GmbH, Pößneck
Printed in Germany
ISBN: 978-3-442-38131-9

www.blanvalet.de

Für Sylvia,
zu der ich aus vollstem Herzen Ja sage

Inhaltsverzeichnis

Intro   11

Teil 1: Eure Gäste, die Grundlage der Feier   15

Sünde 1: Falsche Bescheidenheit   17
Eure Feier, Eure Regeln!   17
Der teuerste Holzklotz der Welt   22
Die 5 nervigsten Hochzeitsbräuche   25

Sünde 2: Falsche Höflichkeit   26
Wer zwingt Euch, Tante Inge einzuladen?   26
5 Personengruppen, die Ihr besser nicht einladen solltet   30
Gleiches Recht für alle: Keine Zweiklassen-Partygesellschaft . . .   31
Dinner-Adel trifft Party-Proletariat   32

Sünde 3: Trägheit   36
Wer zu spät kommt, den bestraft das Leben   36
Saturday Night Fever   38
Die 5 beliebtesten und am schnellsten ausgebuchten
Hochzeitsmonate   41

Sünde 4: Cliquenwirtschaft   42
Singletische und andere Grausamkeiten   42
Wer sitzt wo?   44
Die 5 schlimmsten Fehler bei der Sitzordnung   49

Sünde 5: Unehrliche Wünsche   50
Geschenkt   50
Geld braucht Ihr am dringendsten – steht dazu!   52
Die 5 peinlichsten Verpackungen für Geldgeschenke   55

Teil 2: Der Ablaufplan,
das Rückgrat der Feier   57

Sünde 6: Mitternachtstorte   59
Der viel zu süße Partykiller   59
Mitternachtstorte braucht kein Mensch!   63
Die 5 wichtigsten Songs für den Einzug der Hochzeitstorte   68

Sünde 7: Planlosigkeit   69
Zeit für Liebe   69
Die 5 häufigsten Planungsfehler bei Hochzeiten   74

Sünde 8: Rastlosigkeit **75**
Der frühe Gast schluckt den Korn 75
Atempause für die Gäste 76
5 Dinge, die jeder Hochzeitsgast verdient hat 80

Sünde 9: Völlerei **81**
Wer isst, feiert nicht 81
Schlange stehen oder stundenlang herumsitzen? 83

Sünde 10: Falscher Snack zur falschen Zeit **86**
Fressorgie mit Folgen 86
Lieber Currywurst als Kaviar 89
Die 5 beliebtesten Mitternachtssnacks 91

**Teil 3: Der Zeremonienmeister, die gute Seele
der Feier** **93**

Sünde 11: Peinlichkeit **95**
Lieber Spielverderber als Stimmungskiller 95
Hochzeitsspiele gehören verboten 100
Die 5 schrecklichsten Hochzeitsspiele 104

Sünde 12: Fehlendes Vertrauen **105**
Eure Hochzeit planen andere 105
Die 5 wichtigsten Eigenschaften eines Zeremonienmeisters . . . 108

Sünde 13: Anspruchslosigkeit **109**
Babykram 109
Für Euch nur das beste Entertainment 113
Die 5 dämlichsten Standardbeiträge, die wir bitte nie
wieder sehen wollen 116

Sünde 14: Überforderung **117**
It's Showtime 117
Give me five – aber nicht mehr! 118
Die optimale Reihenfolge der 5 wichtigsten
Rahmenprogrammpunkte 122

Sünde 15: Hochzeitszeitung **123**
Ein Festsaal ist kein Lesesaal 123

Teil 4: Die Musik, der Motor der Feier **125**

Sünde 16: Unpassende Klänge **127**
Massenflucht vor DJ Ulli 127
Der DJ, Euer leitender Angestellter 131
Die 5 schlimmsten Todsünden bei einem DJ 135

Sünde 17: Internetrecherche **136**
Willkommen im Reich der Geschmacklosigkeit 136
Die 5 häufigsten Wünsche von Brautpaaren an den DJ 140

Sünde 18: Warnsignale übersehen **141**
Dumpingpreise 141
Moderation 142
Ausufernde Textwüsten 143
Tanzpausen 143
Mobile oder Rollende Disco 144
Werbung am DJ-Pult 145
Wunschlisten 146
DJ-Agenturen 147

Sünde 19: Gekünstelter Eröffnungstanz **150**
Echt crazy 150
Ausgewalzt 152
Die 5 beliebtesten Eröffnungswalzer 156

Sünde 20: Nicht im Bilde sein **157**
Einer für alles? 157
Bleibende Werte 160
Die 5 schlimmsten Fehler einer Hochzeitsfotografin 164

Teil 5: Die Location, der Schauplatz der Feier .. **165**

Sünde 21: Schlechter Start **167**
Empfang zum Totentanz 167
Überlasst nichts dem Zufall 173
Die 5 häufigsten Pannen beim Empfang 176

Sünde 22: Überbewertung **177**
Aus eins mach drei 177
Es ist egal, wo Ihr feiert – aber bleibt unter Euch 180
5 Tipps für preiswerte Locations 184

Sünde 23: Falsche Anteilnahme **185**
Flüsterparty mit Hausverbot 185
Die Nachbarn sind nicht Euer Problem! 190
5 Fragen, die Euch ein Gastronom im Vorfeld eindeutig
mit Ja beantworten können muss 193

Sünde 24: Ungemütlichkeit **194**
Musikpilot im Blindflug 194
Haltet Eure Schäfchen beisammen 197
Die 5 häufigsten Fehler bei der Raumplanung 199

Sünde 25: Leichtgläubigkeit 200
Nacht-und-Nebel-Aktion 200
Die GEMA-Lüge und andere Dreistigkeiten 203
Die 5 größten Dreistigkeiten von Locationbetreibern 208

Teil 6: Ihr beiden, das Herz der Feier 209

Sünde 26: Unbeweglichkeit 211
Brautkleid bleibt Brautkleid 211
Das ziemlich teure Wort »Hochzeit« 214
Die 5 schlimmsten Pannen mit unpraktischen Brautkleidern ... 217

Sünde 27: Mangelnde Souveränität 218
Haben Sie auch Musik? 218
Macht klare Ansagen 221
5 Pannen, die durch klare Ansagen der Gastgeber
vermieden werden können 225

Sünde 28: Vollrausch 226
Angriff der Cocktailbomben 226
Hochprozentiges verbrennt Gefühle 230
Die 5 peinlichsten Aktionen von Brautleuten im Vollsuff 234

Sünde 29: Ziellosigkeit 235
Danke für die Blumen 235
Brautstrauß werfen wie ein Profi 238
Die 5 häufigsten Pannen beim Brautstraußwurf 241

Sünde 30: Autoritätsverlust 242
Einer geht noch 242
Ihr bestimmt, wann Schluss ist! 245
5 Rausschmeißer-Songs, die jeder versteht 249

Outro 250

Anhang 253
Meine Hochzeits-DJ-Charts 253
Beispiel für einen Ablaufplan 268

Danksagung 271

Intro

Vor meiner Wohnungstür stehen Svenja und Kai, schüchtern lächelnd und genauso sympathisch, wie ich mir die beiden Mittdreißiger bei unserem Telefonat vorgestellt habe. Er ist groß, hager und hat klare blaue Augen, sie ist zwei Köpfe kleiner, und ein kecker Pony fällt in ihr hübsches Gesicht. Sie wird bestimmt bezaubernd aussehen in ihrem Brautkleid.

Schon als sie eintreten und ich ihnen die Jacken abnehme, sehe ich ihnen diese Mischung aus Vorfreude und Unsicherheit an – sie haben diesen ganz speziellen Ausdruck, den ich schon bei vielen Brautpaaren in spe erlebt habe. Es ist eigentlich mehr als Unsicherheit: Es ist die pure Angst! Die Angst vor dem Fest, das sie in einigen Monaten feiern wollen. Vermutlich hat ihnen die Planung ihrer Hochzeit bereits die ein oder andere schlaflose Nacht beschert.

Obwohl Svenja und Kai mit mir als ihrem DJ eigentlich nur über die Musik reden wollen, werde ich diese Planung gleich ausführlich mit ihnen besprechen. Gemeinsam werden wir wahrscheinlich alles noch einmal umkrempeln. Warum? Um die typischen Sollbruchstellen zu vermeiden, die sie bis jetzt vermutlich noch nicht einmal ansatzweise bedacht haben.

Ich möchte den beiden eine ganz neue Sichtweise auf

ihren großen Tag ermöglichen. Eine Perspektive, die ihnen kein Wedding Planner, Restaurantbetreiber, Pfarrer oder Standesbeamter vermitteln kann, und auch keiner der mit Nebensächlichkeiten überladenen Hochzeitsratgeber in der Buchhandlung.

Es ist die Perspektive von jemandem, der über dreihundertfünfzig Hochzeitsfeiern von Anfang bis Ende miterlebt und, im Gegensatz zu den meisten Gästen, auf diesen Feiern keinen Tropfen Alkohol getrunken hat. Jemandem, der mit seinen emotionalen Antennen auf die Stimmungen der Hochzeitsgesellschaft reagiert und sich viel zu häufig fragen muss: Haben die Gäste und das Brautpaar eigentlich wirklich Spaß an dem, was da gerade passiert? Oder machen die das jetzt nur, weil sie glauben, es gehört sich so auf einer Hochzeit?

Wir setzen uns bei einer Tasse Kaffee und Kerzenlicht an den großen Esstisch in meiner Wohnküche. Während Svenja einen zerknitterten Zettel mit Musikwünschen herauskramt, erwähnt sie am Rande, dass sie neunzig Gäste erwarten. Ich hake sofort ein: »Angenommen, ihr wollt mit jedem dieser Gäste nur fünf Minuten reden. Das wären 450 Minuten, also siebeneinhalb Stunden. Und dann habt ihr noch nichts gegessen, zu keinem einzigen Lied getanzt und auch noch keine Hochzeitsrede angehört. Wenn die Feier um 19 Uhr angefangen hat, ist es dann bereits halb drei Uhr morgens!« Sie sehen mich verdutzt an – das hatten sie nicht bedacht. Ich spüre, dass ich von null auf hundert ihre volle Aufmerksamkeit habe.

Ich rede weiter: »Tatsächlich ist es so, dass Ihr gar nicht die Zeit haben werdet, mit jedem Gast zu sprechen. Ich will mit dieser Rechnung nur deutlich machen, dass Zeitplanung das absolute A und O für Euren großen Tag ist. Hier passieren die meisten Planungsfehler. Fast jeder unterschätzt, wie lange ein Programmpunkt wirklich dauert. Lasst uns doch mal schauen, wie das bei Eurer Hochzeit aussehen soll. Für wann ist denn zum Beispiel die Zeremonie angesetzt?«

Von diesem Punkt an läuft es wie von selbst. Wir gehen systematisch den Tagesablauf durch, und ich packe dabei meine gesamte Erfahrung aus acht Jahren Arbeit als professioneller Hochzeits-DJ auf den Tisch. Ich habe in dieser Zeit Bräute erlebt, die bei unvorhergesehenen oder verpatzten Beiträgen in Tränen ausbrachen. Ich habe Bräutigame gesehen, die sich aus Frust über ihre langweilige Feier haltlos betranken, die Treppe herunterfielen oder vor aller Augen nackt in einen See sprangen. Am häufigsten aber habe ich zu Tode gelangweilte Gäste erlebt, die sich bei zu vielen Vorträgen und einem sich endlos hinziehenden Essen vor Müdigkeit kaum noch auf den Stühlen halten konnten.

Zu Beginn meiner Laufbahn als Hochzeits-DJ musste ich solche Katastrophen machtlos mit ansehen, zwischen Fremdschämen und Mitleid mit dem Brautpaar hin- und hergerissen. Irgendwann wurde mir klar, dass es immer wieder die gleichen Planungsfehler sind, die eine Hochzeitsfeier ruinieren können. So konnte es nicht weitergehen, jedenfalls nicht, wenn ich als DJ für die Feier gebucht war. Die meisten Hochzeitssünden lassen sich ganz leicht vermeiden – vorausgesetzt, man weiß überhaupt, dass es sie gibt! Seitdem sehe ich es als meine Mission, meine Kunden bei einem ausführlichen Vorgespräch davor zu bewahren, in die üblichen Fallen zu tappen.

Svenja und Kai schreiben fleißig mit. Ich erläutere ihnen, was meiner Erfahrung nach ein Hochzeitsfest braucht, damit es weder zur langweiligen Tortur für die Gäste wird noch das Brautpaar auf peinliche Weise bloßstellt. Von mir erfahren die beiden auch, welche restlos veralteten Traditionen man getrost in die Tonne treten kann – um stattdessen eine wirklich schöne Feier zu erleben!

Nach zwei Stunden halten die beiden vier dicht beschriebene Blätter in den Händen und wirken etwas erschöpft. Kai schnaubt: »Mensch, Thomas, das alles hat uns noch kein Mensch gesagt. Du solltest mal ein Buch darüber schreiben!« Wir lachen, aber Svenja bleibt ernst und starrt auf die Notizen vor sich. »Nein, wirklich«, sagt sie, »im Ernst. Ich war schon bei einigen Hochzeiten eingeladen, da wären die Paare mit deinen Tipps gut beraten gewesen, und die Feiern wären garantiert schöner geworden. Du solltest mal überlegen, einen Ratgeber zu schreiben.« Ich nicke: »Ehrlich gesagt, darüber habe ich auch schon nachgedacht. Aber lasst uns jetzt noch kurz über den Punkt sprechen, wegen dem Ihr eigentlich hier seid: Eure Musikwünsche für die Feier!« Ach ja, da war doch noch was…

Teil 1

Eure Gäste, die Grundlage der Feier

Sünde 1: Falsche Bescheidenheit

Eure Feier, Eure Regeln!

Es ist ein strahlend blauer Tag Mitte Juli. Seit einer Woche liegt Hamburg unter einer Glocke aus unbewegter Hitze, in der selbst das gewohnte laue Lüftchen der Hansestadt versagt. Während ich die Musikanlage aus meinem Auto wuchte und in Einzelteilen über eine lange Treppe in den Festsaal schleppe, schießt mir unter dem leichten Sommeranzug der Schweiß aus allen Poren.

Glücklicherweise hat der rundum verglaste Saal mit unverbautem Blick auf die Außenalster eine leistungsstarke Klimaanlage, und es ist angenehm kühl hier. Vor dem beeindruckenden Panorama zahlloser weißer Dreiecke von Hobbyseglern, die auf der quadratkilometergroßen Wasserfläche wohl doch einen Windhauch abzubekommen scheinen, baue ich mein DJ-Pult auf. Für die hundertfach wiederholten Handgriffe muss ich gar nicht mehr nachdenken. Stattdessen gehe ich im Geiste die Hochzeitsfeier durch, die vor mir liegt. Es ist für mich die neunzehnte in diesem Jahr.

Norma (27) und Raoul (32) sind mir von unserem Vorgespräch in lebhafter Erinnerung. Während der Bräutigam nur zu den wichtigsten Punkten seine Meinung äußerte, diese jedoch wohlüberlegt, sprudelte Norma geradezu über vor Ideen. Wir lachten viel, als wir uns alle möglichen – und auch die unmöglichsten – Szenarien ausmalten. Die beiden gingen sehr entspannt damit um, was die Gäste sich Spaßiges für sie ausdenken könnten. Leider zu entspannt, wie sich zeigen würde …

Gegen zehn vor sechs schnalle ich meine Jazzgitarre um und stelle mich gegenüber dem Eingang in Position, um die eintreffenden Gäste mit live gespielter Musik zu empfangen. Als Erstes möchte ich, passend zum sommerlichen Flair, den Bossa-Nova-Klassiker *The Girl from Ipanema* zupfen. Ich gehe davon aus, dass die Leute wie besprochen gegen 18 Uhr die Treppe heraufkommen werden.

Nichts passiert. Zehn nach sechs, Viertel nach. So eine Gitarre kann auf Dauer ganz schön schwer werden, wenn man nicht spielt. Eine hübsche Servicekraft mit einem Tablett voller Sektgläser neben dem Eingang verlagert ihr Gewicht immer wieder von einem Bein auf das andere und seufzt verhalten. Mit einem gequälten Lächeln heitern wir uns gegenseitig etwas auf.

Langsam werde ich unruhig. Um zwanzig Minuten nach sechs lege ich die Gitarre ab und trabe zur Treppe, um einen Blick auf die gläserne Eingangstür unten zu riskieren. Tatsächlich steht dort eine bunte Menschentraube, merkwürdigerweise alle mit dem Rücken zur Tür. Was machen die da bloß?

Halb neugierig, halb voller unguter Vorahnungen schleiche ich runter in die stickige Hitze des späten Nachmittags. Zunächst einmal kann ich nichts erkennen außer einer Wand aus Köpfen und schweißglänzenden Gesichtern. Hier draußen, direkt am Alsterufer, gibt es keinen Quadratmillimeter Schatten.

Als ich bemerke, dass sich die Aufmerksamkeit der

Leute auf einen Punkt links konzentriert, bahne ich mir einen Weg in diese Richtung, bis ich Normas blonde, aufwändig frisierten Haare über die anderen Köpfe hinweg entdecke. Warum bewegt sich ihr onduliertes Haupt ruckartig vor und zurück?

Ich bin nah genug, um ein rhythmisches Schaben hören zu können, regelmäßig unterbrochen von einem fiesen Quietschton. Raouls dunkler, von Pomade glänzender Kopf taucht gegenüber seiner Braut auf, in derselben unerklärlichen Bewegung vor und zurück. Erst als ich noch näher herankomme, wird mir klar, dass seine Haare nicht durch die Pomade glänzen. Der Mann brät von Kopf bis Fuß in seinem eigenen Saft.

Zwischen dem Brautpaar stehen zwei Holzböcke, wie man sie von Tapeziertischen kennt. Dazwischen keine Tischplatte, sondern ein langer Holzscheit. Er stammt offenbar von einer Birke und hat den Durchmesser eines Ofenrohrs. Das Ding ist so massiv, dass ein Neandertaler damit ein Mammut mit einem einzigen Schlag niederstrecken könnte.

Jetzt wird alles klar: Bewegungen, Geräusche, Verzweiflung. Raoul und Norma umklammern die Enden einer uralten verrosteten Schrotsäge – ein langes, sichelförmiges Sägeblatt mit vergilbten Holzgriffen an den Enden. Das dunkelbraune Metall steckt vier Finger tief in dem Holzklotz, nichts geht mehr. Sie versuchen tapfer, tiefer zu sägen. Zieht der eine, muss der andere schieben und umgekehrt. Aber die Klinge ist entweder stumpf oder die beiden bekommen die gegenläufige Bewegung nicht in den Griff, jedenfalls bleibt die Säge immer wieder stecken. Dabei quietscht es derart, dass man sich am liebsten die Ohren zuhalten möchte.

Natürlich kenne ich diesen Brauch, bei dem das Brautpaar einen Holzstamm durchsägt. Er soll die gleichberechtigte Arbeit in der Ehe symbolisieren. Hier frage ich mich jedoch: Was hat dieses Stück Holz mit Norma und Raoul zu tun, die offensichtlich noch nie im Leben eine solche Säge in den Händen hielten? Er ist Bankkaufmann, sie Assistentin der Geschäftsführung in einem Lebensmittelgroßhandel. Handwerk scheint nicht gerade beider Stärke zu sein.

Verstohlen mustere ich rundherum die gelangweilten und teilweise peinlich berührten Gesichter der Gäste. Offensichtlich ist diese ganze Aktion nicht nur für das Brautpaar unangenehm und hochnotpeinlich. Raoul bemüht sich um ein Pokerface, doch der Schweiß läuft ihm in die Augen und er muss ständig blinzeln.

Norma dagegen kann ihre Verzweiflung kaum verbergen. Dieser verdammte Holzstamm will einfach nicht entzweigehen. Je tiefer sie sägen, desto schwieriger wird es. Immer häufiger bleiben sie hängen. Ein Wunder, dass das 2000 Euro teure Kleid der Braut noch nicht schmutzig ist oder beschädigt wurde. Bustiercorsage und ein langer Seidenrock eignen sich denkbar wenig für unfreiwillige Zimmermannsarbeit.

Da entdecke ich Johannes, den blonden Trauzeugen. Ich kämpfe mich zu ihm durch und frage ihn leise: »Wessen Idee war das, und wie lange geht das jetzt schon so?«

Er deutet auf eine unbewegt dreinblickende Frau Mitte fünfzig in einem lindgrünen Etuikleid, gekrönt mit einem riesigen Ascot-Wagenrad von Hut, die am Rande des Spektakels lauert. Schmales Gesicht, schmale Nase, schmaler Mund und schmale Schultern. Vom Körperbau her erinnert sie an Iggy Pop. Vom harten Zug um den Mund auch. Neben ihr steht ein mehr als einen Kopf kleinerer, rotgesichtiger Mann ohne Hals, der wie hypnotisiert auf die olle Säge starrt.

»Das sind Tante Inge und Onkel Norbert aus Buxtehude, die das Zeug hier angeschleppt haben«, flüstert Johannes. »Wir wussten davon nichts. Norma und Raoul mühen sich schon seit sechs Uhr damit ab.«

Ich schaue auf die Uhr. Kurz vor halb sieben. Wahnsinn! Fast eine halbe Stunde dauert dieses Trauerspiel nun schon. Am liebsten möchte ich alle Gäste einfach hineinbitten. Aber erstens werden die wohl kaum auf einen völlig Unbekannten hören. Zweitens ist mir klar: In einigen starren Köpfen hier ist fest verankert, dass dieser blöde Holzklotz durchgesägt werden muss. Das jetzt abzubrechen wäre ja ein »böses Omen« für die Ehe. Da der Stamm mittlerweile aber erst zur Hälfte durch ist und sich die Säge immer fester in dem schiefen Schnitt verkeilt, kann das noch dauern. Willkommen in Absurdistan, dem irren Reich des Hochzeitsterrors, wo das Brautpaar die eigene Feier nicht betreten darf!

Hier muss etwas geschehen, denke ich, und zwar schnell! Ich sehe mich um. Vor dem Nebengebäude, einer Segelschule, dümpeln Holzboote auf dem Wasser. Dort sollte es doch auch Werkzeug geben! Unauffällig stehle ich mich davon, und kurze Zeit später komme ich mit einer zeitgemäßen Handsäge zurück, einem so genannten Fuchsschwanz. Ich klopfe dem Bräutigam auf die Schulter.

»Hallo, Raoul«, sage ich, »versuch es doch mal hiermit.« Die angespannte Stille der Gäste entlädt sich in einem kollektiven Lachen, und Raoul nimmt die Säge dankbar entgegen. Aus den Augenwinkeln beobachte ich, wie Tante Inges Kinnlade herunterklappt. Unsere Blicke treffen sich, und aus ihren dick geschminkten Augen durchbohren mich Laserstrahlen. Onkel Norbert scheint gar nicht zu begreifen, was gerade passiert. Er starrt weiter auf seine in dem Ast feststeckende Schrotsäge, als warte er darauf, dass sie sich von alleine weiterbewegt.

Raoul setzt mit dem Fuchsschwanz an einer neuen Stelle an. Ritsch-Ratsch. Was für ein herrlicher Sound! Die Säge gleitet durch das Holz wie ein Streichmesser in weiche Butter. Ich kämpfe mich durch die schwitzende Meute zurück zum Gebäude. Gleich wird diese Farce beendet sein, dann strömen endlich alle in den angenehm temperierten Raum – um mit mehr als einer halben Stunde Verspätung die eigentliche Feier zu beginnen.

Jede Wette, dass Tante Inge mir aus Rache für den skandalösen Eingriff in ihre »kleine Überraschung« an diesem Abend das Leben schwer machen wird. Ob ich will oder nicht: Teil meines Jobs ist es, ab jetzt zu verhindern, dass sie dem Brautpaar und den anderen Gästen die Stimmung verdirbt.

Der teuerste Holzklotz der Welt

Was dieser scheinbar harmlose Brauch des Stammdurchsägens für die Feier von Norma und Raoul bedeutete, haben wir gerade miterlebt: Er hat den Auftakt des Festes gründlich vermasselt und die Gastgeber erniedrigt. Überschlagen wir doch auch mal, welche Kosten dem Brautpaar durch diese unerwartete Sägeaktion entstanden sind.

Norma und Raoul haben 80 Gäste geladen, sie zahlen pro Kopf eine Pauschale von 170 Euro für Menü und Getränke. Dieser hohe Preis erklärt sich vor allem durch die exklusive Location in bester Hamburger Lage, direkt an der Alster. Wir reden also allein für den Raum und die

Bewirtung von 13 600 Euro.[1] Dafür darf die Location von 18 Uhr bis 4 Uhr früh genutzt werden. 10 Stunden kann die Feier also dauern, wenn kein Aufpreis gezahlt werden soll.

13 600 Euro geteilt durch 10 Stunden ergibt, dass das Brautpaar hier pro Stunde 1360 Euro ausgibt. Durch das Sägen wurde der Raum eine halbe Stunde zu spät betreten, dieser Leerlauf beim Personal und der Raummiete wird natürlich vom Betreiber nicht erlassen. So gesehen hat die halbe Stunde Sägen das Brautpaar satte 680 Euro gekostet (übrigens mehr als meine damalige DJ-Gage). Dieser dämliche Birkenstamm war der wohl teuerste Holzklotz der Welt …

Ihr werdet nun sagen: Bei einer Hochzeit geht es doch nicht nur ums Geld! Dazu sage ich: Eben! Was hat diese ganze Aktion gebracht? 80 Menschen standen bei brütender Hitze gelangweilt in der Gegend herum, während sich das Brautpaar vor aller Augen an einem veralteten Brauch abarbeitete, der Nullkommanichts mit ihnen persönlich zu tun hatte. Den sie auch selbst gar nicht gebilligt hatten, sondern der ihnen von Tante Inge aufgedrückt wurde. Zudem stümperhaft geplant mit einer maroden Säge aus Onkel Norberts Kleingartenlaube und einem viel zu dicken Holzstamm.

Das ist ganz sicher nicht der Auftakt zu ihrem Fest, den sich Norma und Raoul gewünscht haben. Und somit kommen wir hier zu meinem ersten und vielleicht wichtigsten Rat für Euch:

---

[1] Hinzu kommen meine Gage, Fotografin, Transfer der Gäste von der Kirche per eigens gemietetem Bus, diverse Hotelzimmer für enge Freunde. Natürlich auch das Brautkleid, Brautstrauß, Anzug des Bräutigams, Hochzeitstorte usw. Am Ende wird die Feier mit allem Drum und Dran wohl über 20 000 Euro kosten.

Ihr allein bestimmt, was Ihr auf Eurer Feier wollt, und was nicht!

Ganz gleich was man Euch Gegenteiliges erzählen will: Es gibt keine festen Bräuche, die Ihr durchexerzieren müsst. Wenn Euch etwas keinen Spaß bereitet oder sogar stört, dann verbietet es Euren Gästen im Vorfeld. Wie das genau funktioniert, erfahrt Ihr auf Seite 105 im dritten Teil, *Der Zeremonienmeister, die gute Seele der Feier*.

Und falls Euch trotz aller Vorsichtsmaßnahmen jemand ungefragt einen Holzklotz und eine rostige Säge hinstellt, dann lasst beides einfach stehen und spaziert Hand in Hand und mit einem nonchalanten Lächeln auf den Lippen auf *Euer* Fest. Für sinnbefreite Traditionen habt Ihr an diesem wichtigen, mit Ablaufpunkten vollgepackten Tag wirklich keine Zeit übrig. Beginnt Eure Feier lieber gut gelaunt als schweißgebadet. Nicht Ihr seid die Spielverderber, sondern die Gäste, die keine Rücksicht auf Eure Wünsche nehmen. Sicher, für einen vollendeten Gastgeber gilt: Der Gast ist König. Aber seht es doch einfach so: Ihr seid das kaiserliche Paar!

Die 5 nervigsten Hochzeitsbräuche:

- Kraftraubender Polterabend direkt einen Tag vor der körperlich und seelisch herausfordernden Hochzeitsfeier

- Junggesell/innen-Abschied in alberner Verkleidung, wo Braut oder Bräutigam sich zum Affen machen müssen

- Holzscheitsägen

- Mit stumpfer Schere ein Herz aus einem Bettlaken ausschneiden, durch das Braut und Bräutigam sich durchzwängen

- Schleiertanz um Mitternacht

Sünde 2: Falsche Höflichkeit

Wer zwingt Euch, Tante Inge einzuladen?

Ihr seid die alleinigen Herrscher darüber, was auf Eurer Feier erlaubt ist. Das bedeutet auch zu entscheiden, wen Ihr dabeihaben wollt und wen nicht. Wahrscheinlich könnt Ihr es Euch schlicht nicht leisten, jeden einzuladen, den Ihr kennt – es sei denn, Ihr seid Multimillionäre.

Für die meisten Paare ist die Gästeauswahl der schwierigste Punkt bei der Planung des Hochzeitsfests. Konflikte sind geradezu vorprogrammiert, und zwar in erster Linie zwischen Euch als Gastgeberpaar, das eine gemeinsame Lösung finden muss. Aber auch zwischen Euch und Nicht-Eingeladenen, die eigentlich davon ausgehen, sie würden dazugehören.

Macht Euch am besten von Anfang an klar, dass es sowieso Reibereien und Unzufriedenheiten geben wird, ganz egal wie sehr Ihr Euch anstrengt, es jedem recht zu machen. Und damit sind wir auch schon bei dem entscheidenden Knackpunkt: Weshalb müsst Ihr es jedem recht machen? Macht Euch frei von solchen unerreichbaren Ansprüchen an Euch selbst. Tatsächlich muss die einzige Frage lauten, die Ihr Euch ganz ehrlich stellen solltet:

Wen wollt Ihr wirklich aus vollstem Herzen dabeihaben?

Vergesst nicht, es wird das persönlichste, intimste und wohl auch teuerste Fest Eures Lebens. Da bleibt null Raum für faule Kompromisse. Wenn Ihr mit dem netten Vorgesetzten aus dem Büro nicht mehr Zeit verbringt als die Mittagspausen und wenn Ihr mit Tante Inge alle paar Jahre bei Familienfesten so kurz wie möglich sprecht, dann haben sie auf Eurer Hochzeitsfeier wenig zu suchen. An diesem besonderen Tag sollten an Eurer Seite nur die Menschen sein, die Euch privat am nächsten stehen oder die Euch seit Langem konstruktiv durchs Leben begleiten.

Eine ehrliche Entscheidung könnt Ihr nur dann treffen, wenn Ihr jede Erwartungshaltung von außen beiseiteschiebt. Es mag ja sein, dass Euch irgendwann mal jemand auf seine eigene Hochzeit eingeladen hat, mit dem Ihr aber seit Jahren nur noch sporadischen Kontakt habt. Glaubt nicht, Ihr müsstet den Betreffenden jetzt diesen Gefallen erwidern! Es geht bei einer Hochzeit nicht um gesellschaftliche Verpflichtungen, sondern um etwas viel Wichtigeres, Kostbareres: um wahre, echte Gefühle. Genau wie bei der Wahl des Ehepartners.

Aus meiner Perspektive als DJ kann ich Euch versichern: Feiern, bei denen ein wirklich vertrauter Gästekreis zugegen ist, entwickeln immer die größte emotionale Kraft. Es ist von Anfang an greifbar im Raum zu spüren, ob sich Gäste und Brautpaar wirklich nahestehen oder nicht. Im ersten Fall wird die Party garantiert ausgelassener als bei öden Pflichtveranstaltungen mit halb Fremden, wo den meisten nicht mehr einfällt, als hinter vorgehaltener Hand über die anderen Schießfiguren zu lästern.

Im Fall von Tante Inge hätte der Verzicht darauf, sie einzuladen, sämtlichen Anwesenden jede Menge negativer Schwingungen und dem Brautpaar gewaltigen Ärger erspart. Denn Tante Inge gehört zu der Sorte Mensch, die nur ihre eigenen Wertvorstellungen anerkennt, und der es völlig wurscht ist, wie ein mehr als zwanzig Jahre jüngeres Paar und seine Freunde die Welt sehen. Aber dazu später mehr.

Natürlich ladet Ihr die jeweiligen Lebenspartner Eurer Freunde mit ein, auch wenn Ihr die vielleicht noch gar nicht kennt. Schließlich ist die Hochzeit das Fest der Liebe. Die Liebsten Eurer Lieben solltet Ihr nicht ausgrenzen, und das ist bei Hochzeiten glücklicherweise auch nur sehr selten der Fall.

Umso häufiger passiert es leider, dass die Kinder von Gästen ausgeladen werden. Einen Hinweis auf der Einladung, man möge doch den Nachwuchs bitte zu Hause lassen, finde ich ehrlich gesagt skandalös. Zwar kann ich den Wunsch halbwegs nachvollziehen, »ungestört« im Kreis von Erwachsenen zu feiern. Aber welches Fest, wenn nicht eine Hochzeit, steht denn sonst für Familie? Das ist Leben, das ist Freude, das ist der Schritt in die gemeinsame Zukunft. Natürlich dürfen, nein, sollen Kinder mit dabei sein!

Damit das Ganze nicht zu chaotisch wird und für die Kleinen zu langweilig, solltet Ihr eine zuverlässige Betreuung organisieren. Am besten engagiert Ihr einen Profi, der sich in einem eigens zur Verfügung stehenden Raum mit dem Nachwuchs befasst.

Es könnte aber auch jemand aus Eurem Freundes- oder Verwandtenkreis sein, der Spaß am Umgang mit Kindern hat und der dies als ganz persönliches Hochzeitsgeschenk sieht. Legt den Gästen mit Anhang nahe, gern etwas mehr Spielzeug mitzubringen, das auch von anderen Kindern genutzt werden kann. So lässt sich ohne großen Aufwand eine kleine Spielecke einrichten, wo die Kleinen ungestört malen und basteln können.

Wenn Ihr in einem Hotel oder Gasthaus feiert, könnt Ihr die Gäste mit Nachwuchs dort unterbringen, so dass die Kleinen zu späterer Stunde ins Bett gebracht und per Babyfon überwacht werden können. Auch hierfür würde sich eine professionelle Kinderbetreuung anbieten. Sicher, es kostet etwas mehr, aber Ihr und Eure Freunde könnt Euch umso gelöster der Feier hingeben.

5 Personengruppen, die Ihr besser nicht einladen solltet:

- Verwandte oder Bekannte, die garantiert nervtötende Überraschungen präsentieren oder die stets alles herablassend kommentieren, was nicht ihren engstirnigen Vorstellungen entspricht (z. B. Tante Inge)

- Potenzielle Amoksäufer, die zwar im nüchternen Alltag superlieb sind, sich aber bereits auf anderen Feiern im Suff gewaltig danebenbenommen haben. Solche Leute betrinken sich auf Festen mit Getränkepauschale immer maßlos, und es geht nie gut aus

- Leute, mit denen Ihr privat wenig zu tun habt oder mit denen Ihr gar »per Sie« seid, beispielsweise Arbeitskollegen, Vorgesetzte oder Kunden

- Entfernte Verwandte, die Ihr nur alle Jubeljahre auf Familienfeiern seht und mit denen Ihr darüber hinaus keinen Kontakt pflegt (ebenfalls z. B. Tante Inge)

- Brautpaare, bei deren Hochzeit Ihr zwar zu Gast wart, Euch aber gefragt habt, warum, und die zudem seitdem herzlich wenig von sich haben hören lassen

Gleiches Recht für alle: Keine Zweiklassen-Partygesellschaft

Das gemeinsame Verhandeln der Gästeliste ist eine großartige Gelegenheit für Euch, neue Facetten am Partner zu entdecken. Tauscht Euch darüber aus, wen Ihr einladen möchtet und warum. Was verbindet Euch mit den Gästen? Es werden bestimmt erzählenswerte Geschichten aus der Zeit vor Eurer Beziehung auftauchen, über die Ihr vorher nie Anlass hattet zu sprechen.

Wie gesagt sind bei der Auswahl der Gäste Diskussionen unvermeidlich. Jeder von Euch wird auf seine Lieblinge nicht verzichten wollen, aber bei begrenztem Budget können nun mal nicht alle dabei sein. Betrachtet diese Auseinandersetzungen als positiv, denn dadurch wird Euch vieles klarer. Wenn Ihr nicht wirklich plausibel erklären könnt, warum das Fest ohne einen bestimmten Gast nicht stattfinden kann, ist er vielleicht doch gar nicht so wichtig?

Nun könntet Ihr in Versuchung kommen, die Feier in zwei Etappen aufzuteilen: In der Kirche sind beispielsweise alle Bekannten und Kollegen dabei, bei der späteren Feier nur der »enge Kreis«. Oder vielleicht möchtet Ihr zum Polterabend mehr Leute einladen als zu Eurer Hochzeit. Das mag erst mal wie ein vernünftiger Kompromiss klingen. Doch denkt das bitte konsequent bis zum Ende durch.

Auf dem Polterabend oder nach der kirchlichen Trauung werden sich die Leute unterhalten. Man tauscht sich aus über Dinge, die auch die Feier betreffen können. Und die Nichtgeladenen denken sich sofort: Warum ist der dabei und nicht ich? Frust und Neid sind damit unvermeidbar, die ersten negativen Schwingungen breiten sich aus.

Was erreicht Ihr mit der Zweiteilung Eurer Gäste in jedem Fall? Dass sich ziemlich viele Leute eben doch benachteiligt fühlen. Halbe Sachen zu machen befreit Euch nicht von der grundsätzlichen Entscheidung, mit wem Ihr wirklich feiern wollt.

Am besten macht Ihr Euch klar: Egal, wie Ihr es anstellt, Ihr werdet ein paar Menschen enttäuschen. Das lässt sich nun mal nicht vermeiden. Ist es dann nicht besser, komplett auf halbherzige Entscheidungen zu verzichten?

Wenn Ihr nach der Feier Leuten begegnet, die Ihr nicht eingeladen habt, ist das doch kein Drama. Sagt einfach: »Wir haben im engsten Kreis gefeiert!« Das versteht jeder, und es fühlt sich für die Betreffenden besser an, als die »Zweitbesetzung« auf einem Fest zu sein. Hierzu ein peinliches Beispiel aus dem echten Leben.

Dinner-Adel trifft Party-Proletariat

Ines (26) und Frank (25) scheinen sehr beliebt zu sein. Zumindest stehen auf ihrer Gästeliste verdammt viele Freunde. Stattliche 102 Personen sind geladen, um mit ihnen zu feiern. Wie sich ein Paar Mitte zwanzig das leisten kann, erfuhr ich beim Vorgespräch: Die beiden haben vor, das Essen mit 55 Gästen zu zelebrieren, während der Rest zur Party ab 22 Uhr dazustoßen soll.

Das Ganze findet in einem Landgut 40 Kilometer nordwestlich von Hamburg statt. Da der Hof ziemlich abgelegen ist, haben Ines und Frank für den Transfer der späteren Partygäste sogar einen eigenen Bus vom nächsten Bahnhof aus arrangiert. Die Heimfahrt soll jeder selbst per Taxi organisieren.

»Wirkt der Raum mit halb so vielen Personen beim Essen dann nicht arg leer?«, hatte ich zu bedenken gegeben. Doch auch daran haben die beiden gedacht: Es handelt sich um zwei Räume, die durch eine große Flügeltür verbunden sind. Solange noch gegessen wird, bleibt sie zu, im zweiten Raum soll später getanzt werden. Für mich als DJ ist so eine Aufteilung zwar immer schwierig[2], aber solange ich vom Partyraum aus gute Sicht habe und somit unmittelbar auf das Publikum reagieren kann, ist es okay.

So weit der Plan. Nun ist der große Tag da, und ich habe hinter verschlossener Tür in dem etwa 35 Quadratmeter großen Raum alles aufgebaut. Farbige Strahler tauchen die Wände in buntes Licht, mein DJ-Pult steht an der Wand gegenüber der Tür, so dass ich von dort aus guten Blickkontakt zu den Gästen drüben haben werde. Laut Zeitplan rückt der Eröffnungstanz näher. Ich bin gut gelaunt, mein inneres Stimmungsbarometer ist zu hundert Prozent auf Party eingestellt. Mit so vielen überwiegend jungen Partygästen wird es heute bestimmt Spaß bringen.

Nebenan im Dinner-Saal haben bis jetzt eine Menge Beiträge stattgefunden, wie ich gedämpft durch die Tür mithören konnte. Als ich gegen fünf vor zehn die Tür einen Spalt weit öffne und verstohlen hinüberlinse, gefällt mir gar nicht, was ich da sehe: Die Leute sind noch beim

---

[2] Siehe Kapitel Sünde Nr. 24, Haltet Eure Schäfchen beisammen, Seite 197

Essen! Durch die vielen Reden und Vorträge von Gästen hat sich das 4-Gänge-Menü deutlich in die Länge gezogen. Auf den Tellern liegt saftiges Roastbeef, also erst der Hauptgang! Das Dessert soll noch folgen.

Oh, oh, denke ich, und kaum ist das letzte Oh in meinem Kopf verhallt, gibt es draußen auch schon einigen Tumult. Wenn auf einen Schlag 47 Leute in schicken Outfits auf einer Feier eintreffen, wirkt das erst mal wie eine Invasion. Stöckelschuhe und Ledersohlen auf Holzdielen klingen wie das berühmte Fußstampf-Schlagzeug in *We Will Rock You* von Queen. Stimmen, lautes Durcheinanderreden, Lachen – und plötzlich ebbt alles ab zu unsicherem Gemurmel.

Für einige Momente sieht es da drüben aus wie das Szenenbild eines Musicals. Der Raum mit festlich geschmückten, runden Tischen, an denen die nobel gekleidete Gesellschaft in Achtergruppen diniert, und an der Seite quetschen sich die Twens entlang der Wand in den Raum, weil nicht genug Platz ist. Keiner weiß so richtig, was er sagen soll. Im Musical wäre das jetzt der Moment, in dem die Musik einsetzt und die Spannung sich darin entlädt, dass alle gemeinsam fröhlich auf den Tischen tanzen.

Im echten Leben liegen auf diesen Tischen halb gegessene dampfende Steaks. Die Partymeute steht wie eine niedere Kaste vor der hohen Gesellschaft, die gediegen tafelt. Das Brautpaar am rechten Ende des Raums springt auf und schlängelt sich verlegen zwischen den Tischen hindurch, um die neuen Gäste zu begrüßen. Aber wo und wie? Es ist ja kein Platz hier. Dass ein Menü meistens länger dauert, als man denkt, ist eine Sache. Aber woran Ines und Frank bei ihrer Planung offenbar auch nicht gedacht haben, ist, dass diese fast fünfzig Gäste ihnen natürlich alle gratulieren wollen und auch Hochzeitsgeschenke dabeihaben. Wohin damit? Der Geschenketisch ist voll beladen. Jetzt wird es chaotisch …

Die Bankettleiterin im Speisesaal reagiert geistesgegenwärtig und öffnet die große Flügeltür zum Partyraum. Ich springe zu meinem DJ-Pult und spiele *That's What Friends Are For* von Dionne Warwick. Der Song untermalt nun, wie sich das Brautpaar und die neuen Gäste um die Tische herum in den Partyraum schieben.

Während der Hauptgang auf den Tellern von Ines und Frank kalt wird und die anderen Gäste angesichts der Störung irritiert weiteressen, findet nun das große Gratulieren statt. Die Mitbringsel müssen in einer Ecke auf dem Boden gestapelt werden. Bis alle neuen Gäste ihre Glückwünsche zur Vermählung ausgesprochen haben, sind 20 Minuten vergangen. Da keine weiteren Sitzmöglichkeiten vorhanden sind, stehen die Leute unsicher auf der Tanzfläche herum, obwohl ich mir mit dem Song *All Night Long* von Lionel Richie die größte Mühe gebe, die Stimmung etwas aufzulockern.

Selbstverständlich ordern die Party People sofort die ersten Drinks, um die angespannte Situation aufzulockern. Es folgt eine bemerkenswerte Druckbetankung, die den Alkoholpegel der Gruppe im Minutentakt in die Höhe peitscht. In der Zwischenzeit habe ich mit der Bankettleiterin gesprochen, und wir haben beschlossen, das Dessert drüben ohne weitere Pause direkt nachzulegen, um das Chaos nicht noch größer werden zu lassen.

Um Viertel vor elf, mit einer Dreiviertelstunde Verspätung, findet endlich der Eröffnungstanz statt. Aber ich weiß, es wird schwierig. Durch das schlecht koordinierte Aufeinandertreffen von Dinner-Adel und Party-Proletariat ist die Stimmung bereits im Eimer, ehe das Fest überhaupt durchstarten konnte.

Sünde 3: Trägheit

Wer zu spät kommt, den bestraft das Leben

Wer zum Teufel kommt auf die abwegige Idee, einen DJ vor zehn Uhr morgens anzurufen? Und warum klingeln Handys immer genau dann, wenn man gerade keine Hand frei hat? Ich stelle meine beiden schweren Einkaufstüten im Treppenhaus auf einer Stufe ab. Eine unbekannte Nummer im Display – könnte etwas Geschäftliches sein. Jetzt bloß nicht genervt klingen. Freundlich melde ich mich, während eine der Tüten umkippt und ihr Inhalt die Treppe hinunterprasselt. Hoffentlich waren da nicht die rohen Eier drin.

Am anderen Ende der Leitung vernehme ich eine weibliche Stimme: »Guten Tag, mein Name ist Herle. Wir haben Sie bei der Feier eines Freundes gehört und wollten Sie gern für unsere Hochzeit am 14. Juli buchen.« Ich bin etwas irritiert über die Kurzfristigkeit. Wir haben jetzt doch schon Anfang April! Meine Gegenfrage: »Sprechen Sie vom 14. Juli dieses Jahres oder meinen Sie nächstes Jahr?«

Kurze Stille, dann antwortet die Dame: »Also natürlich dieses Jahr.« Fast möchte ich laut lachen. Gerade mal drei Monate vor ihrer Hochzeit kommt die Gute auf die Idee, sich um einen DJ zu kümmern. Nur um sicherzugehen, frage ich: »Ist das ein Samstag?« Sie bejaht. Ich muss gar nicht in meinen Kalender schauen, um ihr sagen zu können, dass ich da schon lange gebucht bin. Auf ihre Frage, ob ich denn einen Kollegen empfehlen kann, antworte ich: »Prinzipiell ja, ich kenne einige gute Leute, bloß sind die alle schon längst weg an dem Termin.« Und denke dazu: Wie an jedem anderen Samstag zwischen Anfang Mai und Ende September auch.

Frau Herle ist überrascht, geradezu entsetzt. Ich dagegen bin im Moment vollauf damit beschäftigt, mit der freien Hand den Dotter zu stoppen, der auf einer weißen Lache in Richtung Treppenkante schwimmt. In der Tüte waren nämlich leider nicht nur die Eier, sondern auch ein Liter Milch. Als Mann bin ich natürlich überhaupt nicht multitaskingfähig. Sonst könnte ich Frau Herle während meines Eiertanzes erklären, wie blauäugig sie die Terminsituation für ihre Hochzeitsfeier eingeschätzt hat. Hoffentlich hat sie wenigstens bereits eine Location und einen guten Fotografen gebucht! Falls nicht, dürfte es kaum noch eine Chance auf eine schöne Feier geben.

Ich spreche ihr mein Bedauern darüber aus, dass ich ihr nicht weiterhelfen kann, wünsche ihr viel Glück und verabschiede mich auf nette Weise. Mehr kann ich nicht tun, und außerdem brauche ich jetzt ganz schnell einen feuchten Lappen, um mein Frühstück von der Treppe zu wischen. Frau Herle kam für ihre eigene Feier zwar um Monate zu spät, aber für meinen leeren Magen kam ihr von vornherein zum Scheitern verurteilter Anruf deutlich zu früh am Morgen.

Saturday Night Fever

Frau Herle ist offensichtlich ein Denkfehler unterlaufen, dem viele DJs, Fotografen und Gastronomen immer wieder begegnen. Sie hat gedacht: Dreieinhalb Monate ist ja noch lange hin. Das sind doch noch über 100 Tage! Ein Vierteljahr im Voraus buchen, das sollte doch reichen.

Was Frau Herle übersehen hat: Werktage und Sonntage zählen nicht! Es geht nur um Samstage und Freitage. Die meisten verlobten Paare hierzulande möchten in den warmen Monaten von Anfang Mai bis Ende September ihre Hochzeit feiern, und zwar bevorzugt samstags – denn freitags müssten viele Gäste extra einen Tag Urlaub nehmen. Das macht also von Anfang Mai bis Ende September, je nach Jahr, zwischen 21 und 22 Samstage.

Der Anruf von Frau Herle kam am 4. April. Von dahin bis zur Feier am 14. Juli waren es nur 15 Samstage. Das ist für mich als DJ das Entscheidende. Freitagseinsätze sind auch schon recht häufig, aber was auf jeden Fall mit absoluter Sicherheit gebucht wird, sind sämtliche Samstage! Schade, Frau Herle, aber 15 Arbeitssamstage im Voraus anzurufen war einfach viel zu knapp.

Vor allem wenn man bedenkt, dass deutschlandweit jährlich rund 378 000 Hochzeiten stattfinden, im deutschsprachigen Raum inklusive Österreich und der Schweiz rund 456 000.[3] Auch wenn einige Paare in anderen Monaten oder gar nicht feiern, ist Pi mal Daumen davon auszugehen, dass wir es allein in Deutschland von

---

[3] Stand 2011: deutschlandweit 377 816 Eheschließungen. (Quelle: Statistisches Bundesamt). In der Schweiz waren es im selben Jahr 42 083 Hochzeiten (Quelle: Statistik Schweiz), und in Österreich waren es 36 426 (Quelle: Statistik Austria). Für alle zusammen kommen wir somit für 2011 auf 456 325 Hochzeiten.

Anfang Mai bis Ende September an jedem der 21 Samstage mit rund 14 000 Hochzeitsfeiern zu tun haben. Und jede einzelne von ihnen braucht eine passende Räumlichkeit, Essen, Musik und Fotos.

Alle wirklich guten DJs, Fotografen, Locations und so weiter sind daher schnell ausgebucht. Und das gilt auch für viele Eurer Gäste: Bei einer durchschnittlichen Gästezahl von 70 Personen ergibt sich rein rechnerisch, dass in diesem Zeitraum jedes Wochenende fast eine Million Menschen auf Hochzeiten zu Gast sind! Und parallel finden auch noch Geburtstage, Jubiläen, Firmenfeiern und sonstige Events statt.

Wenn Ihr diesem Feiertrubel mit Tausenden anderen Festen gleichzeitig zu Eurem entgehen wollt, könnt Ihr Euch ja vielleicht mit dem Gedanken anfreunden, in einer anderen Jahreszeit zu heiraten. Auch ein Fest im Sommer kann schließlich verregnet sein (wir Hamburger können ein Lied davon singen). Bei einer Feier in den Wintermonaten habt Ihr es wahrscheinlich einfacher, eine schöne Location und erstklassige Dienstleister zu finden – sofern Ihr den Dezember mit dem ganzen Weihnachtsrummel ausschließt.

Off-Termine im November, Januar, Februar oder März können auch finanziell günstiger sein. Jeder Gastronom ist dankbar für große geschlossene Gesellschaften in dieser Event-armen Zeit und kommt Euch bestimmt im Preis entgegen. Und mal ganz abgesehen von den niedrigeren Kosten: Viele Gäste werden sich freuen, auch mal in der grauen Jahreszeit ein buntes Fest zu erleben. Zumal nicht wenige im Sommer gerne in den Urlaub fahren und diesen nur ungern wegen einer Hochzeit absagen.

Wenn es aber unbedingt eine Feier im Frühling oder Sommer sein soll, womöglich noch an einem der heiß begehrten Samstage, plant bitte rechtzeitig. Sichert Euch Essentials wie DJ, Fotograf, Location und gegebenenfalls Catering mindestens sechs bis acht Monate (oder in DJ-Rechnung: 24 bis 32 Samstage) im Voraus, besser noch ein Jahr zuvor. Alles andere wird zum Glücksspiel auf den letzten Drücker und erzeugt unnötigen Stress!

Um Eure Gäste nicht in Terminnot zu bringen, solltet Ihr ihnen mindestens sechs Monate vor der Feier eine vorläufige Einladung ohne große Details schicken, auf Neudeutsch »Save the Date«-Karte genannt. So können sie den Termin für Euch frei halten, bis sie die finale Einladung mit allen Details erhalten.

Die 5 beliebtesten und am schnellsten ausgebuchten Hochzeitsmonate:

- August

- Juli

- Mai

- September

- Juni

Sünde 4: Cliquenwirtschaft

Singletische und andere Grausamkeiten

Groß und elegant wirkt er, der Bräutigam mit dem Mikrofon in der Hand. Der Mann hat es wirklich geschafft, einen Anzug zu finden, der modern und zugleich zeitlos aussieht, denke ich voller Bewunderung. Dazu trägt er eine Armbanduhr des berühmten Uhrmachers mit der Krone über dem Namen, die sagt, hallo, ich bin hier der Chef. Seine dünnrandige Brille verleiht ihm etwas dezent Aristokratisches, die italienischen Lederschuhe tun das Übrige. Es ist einer der seltenen Fälle, wo die schmucke Braut neben ihrem eleganten Gatten etwas verblasst.

»Wir heißen Euch alle herzlich willkommen und freuen uns, dass Ihr so zahlreich hier erschienen seid, um mit uns zu feiern.« Sehr angenehm, dass er in Wir-Form spricht und seine Braut damit einbezieht. »Ehe die Vorspeise gesetzt wird, möchten wir Euch kurz die einzelnen Gäste vorstellen.«

Moment, denke ich, meint er damit tatsächlich jeden Einzelnen der 75 Anwesenden? Der Bräutigam zieht einen Zettel aus der Innentasche seines Jacketts, und los geht es. »Hier vorne zu meiner Rechten sitzt Andrea, meine ehemalige Nachbarin und langjährige Freundin, mit ihrem Mann Roberto. Daneben sitzt Marianne mit ihrem Freund Hannes, die wir bei unserem Urlaub auf Barbados kennengelernt haben. Neben ihnen…«

Während ein Name nach dem anderen in Verbindung mit überflüssigen Details fällt, höre ich kaum noch zu. Es sind einfach zu viele Informationen, die da auf mich und die Gäste herabregnen. Ich weiß jetzt schon nicht mehr, wie die beiden zuerst Genannten heißen. War das Anne oder Andrea mit ihrem Freund Rodriguez oder Roberto? Mehr als drei Namen am Stück kann sich kein Mensch merken, es sei denn, er heißt Sherlock Holmes und hat ein übermenschliches Gedächtnis.

Es ist totenstill im Saal, klar: Niemand will unhöflich sein – obwohl es vermutlich den meisten Gästen wie mir geht. Gelegentlich knurrt hier und dort mal ein Magen, der sich bereits auf die Hochzeitssuppe als Vorspeise gefreut hatte. Der monotone Singsang der Vorstellungsrunde führt dazu, dass ich nach wenigen Minuten in eine Art inneren Stand-by-Modus wechsele. Das habe ich über die Jahre bei Hunderten stinklangweiligen Mehrgängemenüs gelernt. So spare ich mir meine geistige Energie für die anstrengende Nachtarbeit, die vor mir liegt. Was ich in diesem Zustand noch wahrnehme, kann man sich vorstellen wie eine Schulstunde in der Zeichentrickserie *Peanuts*. Dort wird die Stimme der Lehrerin durch eine wabernde Posaune mit Dämpfer dargestellt. Wie Charlie Brown verstehe ich kein Wort von dem, was vorn gesagt wird.

Aus dem fernen Geblubber dringt mit einem Mal ein einzelnes Wort an mein Bewusstsein, und ich bin sofort wieder voll da. Ich fühle mich, als hätte man mir einen Eimer Wasser über den Kopf gekippt. Hat er wirklich »Singletisch« gesagt?

»Das dort drüben ist der Singletisch.« Tatsächlich.

Die Luft gefriert. »Ganz links sitzt Malte, ein Freund aus Schulzeiten. Daneben Dörte, meine Cousine.« Die Anwesenden drehen sich zu diesem runden Tisch um, an dem acht bemitleidenswerte Gestalten mit betretenen Mienen sitzen. Licht aus, Spot an: Das sind also die armen Übriggebliebenen, die Restposten, der Wühltisch des Heiratsmarkts. Dank der Sitzordnung sind Männlein und Weiblein im Wechsel nebeneinander platziert. Als wollte man ihnen damit sagen: Paart euch endlich – auf der Stelle!

Es ist eine peinliche Situation für alle, und ich glaube, genau in diesem Moment wird es auch dem Bräutigam bewusst. Zum ersten Mal in seiner endlosen Begrüßungsrede kommt er ins Stocken. Seine Vorstellung der restlichen Unverheirateten fällt deutlich knapper aus. Schnell wird weitergeschwenkt zum Tisch mit den Verwandten der Braut aus Berlin. Das rettet nichts. Die bedauernswerten Singles haben ihr Brandmal gestempelt bekommen, und die Runde wird sich fühlen wie auf einer Ü-30-Single-Party, zu der leider nur acht gekommen sind.

Wer sitzt wo?

Die Sitzordnung einer Hochzeitsfeier ist neben der Gästeliste einer der kniffligsten Punkte der Planung. Wie könnt Ihr eine bunte Mischung von Freunden und Verwandten im Alter von vier bis 84 in eine stimmige Hochzeitsgesellschaft verwandeln?

Ehe es zwischen Euch Streit darüber gibt, wer nun an welchen Tisch gehört und wer nicht, macht doch ein gemeinsames Vergnügen aus der Raumplanung. Spielt bei einer Flasche Wein gemeinsam verschiedene Varianten durch. Das Arbeiten mit Skizzen oder Pappschnipseln, die Ihr frei hin und her schieben könnt, macht so viel Spaß wie Kopfzerbrechen. Und Ihr lernt wieder viel übereinander.

Zunächst einmal ist es ein großer Unterschied, ob Ihr ein gesetztes Menü oder ein Buffet anbietet. Bei einem mehrgängigen Menü bindet Ihr die Gäste für mehrere Stunden an einen einzigen Tisch. Das bedeutet, dass über einen langen Zeitraum ausschließlich Tischnachbarn miteinander sprechen werden.

Ein Buffet hat den Vorteil, dass sich die Gäste automatisch mischen, wenn sie sich etwas zu Essen holen. Aber auch in diesem Fall sollte die Sitzordnung an den Tischen gut überlegt sein.

Grundsätzlich sollte man keine Paare trennen. Aber auch beste Freunde sollten am selben Tisch zusammensitzen, denn man will natürlich das Fest gemeinsam genießen und sich austauschen. Dennoch Vorsicht, ganz ohne Durchmischung der Gäste besteht die Gefahr der hartnäckigen Cliquenwirtschaft.

Ich habe das oft beobachtet: An einem Tisch sitzt Clique A, am anderen Clique B. Es ist ganz menschlich, dass sich alle zunächst an die Leute halten, die sie kennen. Selbst später beim Tanz löst sich diese Teilung unter den Gästen nie vollständig, weil ihnen einfach der Anreiz fehlt, sich neuen Leuten zuzuwenden. Viel bequemer ist es ja, sich mit Menschen zu umgeben, die einem vielleicht schon seit Jahren vertraut sind!

Eure Feier bietet die einmalige Chance, dass Eure Familien und Freunde sich kennenlernen. Vertut diese Option nicht leichtfertig, indem Ihr die Cliquen während des Essens durch den Sitzplan auseinanderdividiert. Vermutlich werden diese Menschen nie wieder unter einem Dach zusammenkommen – vor allem, wenn Eure Familien- und Freundeskreise weit voneinander weg wohnen. Ein guter Kompromiss ist, jeden Tisch zu gleichen Teilen mit zwei Gästegruppen aus unterschiedlichen Cliquen zu besetzen. Die eine Hälfte kennt sich untereinander, ist mit der anderen Hälfte jedoch nicht bekannt. Die Gruppe kann in der Sitzordnung paarweise abwechselnd gemischt werden, um ein Kennenlernen der jeweiligen Sitznachbarn zu fördern.

Sehr anregend für Gespräche ist es, wenn an jedem Tisch einige der Gäste Gemeinsamkeiten haben. Ob man nun Fußballfans zusammensetzt oder auch Hundebesitzer: Bestimmt findet Ihr mit ein bisschen Nachdenken Schnittmengen bei den Gästen. Auch die Berufe oder regionale Herkunft bergen oft Gesprächsstoff – oder zur Not der Nachwuchs in ähnlichem Alter. Frischgebackene Eltern haben sich immer viel zu erzählen…

Dass ein Singletisch keine gute Idee ist, konnte hoffentlich das Eingangsbeispiel verdeutlichen. Viele Singles empfinden es verständlicherweise als peinlich, öffentlich »geoutet« zu werden – gerade auf einer Hochzeit, diesem komplett auf Liebe, Zweisamkeit und Zweierbindung ausgerichteten Event.

Meine Meinung: Eine Hochzeit ist keine Kontaktbörse, und es geht nicht darum, potenzielle Paare zu verkuppeln. Also platziert Singles am besten bei Menschen mit ähnlichen Interessen, anstatt sie bloß aufgrund ihres Familienstandes wahllos zusammenzuwürfeln. Sonst beleidigt Ihr sie weitaus mehr, als dass Ihr ihnen einen Gefallen tut.

Am Brauttisch sitzt natürlich der engste Kreis: unmittelbare Familie, beste Freunde, Trauzeugen. Er sollte so stehen, dass Ihr den gesamten Raum einsehen könnt und niemanden hinter Euch habt. Es ist ein unangenehmes Gefühl, wenn Ihr Euch zu einzelnen Gästen umdrehen müsst. Auch solltet Ihr direkten Blickkontakt zum DJ haben. Nur so kann er auf einen Wink von Euch hin die Hintergrundmusik bei einer Rede ausschalten, in Eurem Sinne auf spontan geänderte Programmpunkte reagieren und Euch bei Bedarf ein Funkmikrofon bringen.

Ganz wichtig: Achtet bitte darauf, ältere Herrschaften nicht direkt neben der Tanzfläche zu platzieren, dort, wo es später laut werden wird. Da im Alter ein Hörverlust im Bereich der Tonhöhen bei den meisten Menschen die Regel ist, werden von den Senioren gerade Bässe oft als unangenehm dröhnend empfunden. Und ohne Bass keine Party. Ab einer gewissen Uhrzeit wird jeder auf dem Dancefloor mit dem Rapper Das Bo und seinem Hit *Türlich, Türlich* einer Meinung sein: »Wir brauchen Bass, Bass!«

Wie oft haben sich ältere Gäste bei mir über die Lautstärke beschwert, obwohl das jüngere Publikum sie als zu leise empfunden hat. Fast immer höre ich irgendwann im Lauf des Abends den Spruch: »Junger Mann, machen Sie doch mal ein paar Takte leiser. Man kann sich ja gar nicht unterhalten hier!« Respektiere ich den Wunsch, gibt es sofort von der Tanzfläche empörte Rufe wie: »Ey, DJ, dreh mal richtig auf jetzt!« Zwischen diesen beiden gegensätzlichen Ansprüchen zu vermitteln ist einfach unmöglich, wenn die Sitzordnung es nicht zulässt.

Es ist daher keinesfalls abwertend gemeint, wenn ich Euch rate: Setzt Senioren am besten so weit wie möglich weg von der Tanzfläche! Damit tut Ihr ihnen einen großen Gefallen – und auch jedem Tänzer, der auf dem Dancefloor die Musik bei gewohnter Partylautstärke genießen möchte. Damit sich die ältere Generation nicht im wortwörtlichen Sinne »zurückgesetzt« fühlt, bietet sich ein bewährter Trick an: Positioniert sie direkt neben dem

Brauttisch. Für Euch ist die Entfernung zur Tanzfläche kein Problem, da Ihr als Gastgeber ohnehin viel an anderen Tischen unterwegs sein werdet.

Wie Ihr die Begrüßung und die Vorstellung der Gäste geschickter gestaltet als in meinem Beispiel eben, erfahrt Ihr in Teil 6. Dort geht es darum, wie Ihr es am Tag der Feier schafft, entspannt die vollendeten Gastgeber zu sein. Aber bleiben wir hier erst mal bei der Planung im Vorfeld – das nächste Kapitel dreht sich um die Einladung zu Eurem Fest.

Die 5 schlimmsten Fehler bei der Sitzordnung:

- Oma und Opa direkt neben der lauten Tanzfläche

- Singletisch

- Etablierte Cliquen an einen Tisch setzen, so dass sie den ganzen Abend unter ihresgleichen bleiben

- Brauttisch ohne Sichtkontakt zum DJ, so dass er nicht auf die Anweisungen und Wünsche vom Brautpaar reagieren kann

- Brauttisch in der Mitte des Raumes, wodurch einige Gäste hinter dem Rücken der Brautleute sitzen, die sich dann ständig die Hälse verdrehen müssen

Sünde 5: Unehrliche Wünsche

Geschenkt

»Was ist denn *damit* passiert?«, fragt der junge Bankange-
stellte ungläubig, als ich ihm das verunstaltete Geldbündel überreiche.

Wie soll ich das jetzt auf die Schnelle erklären? Geht
ihn das überhaupt etwas an? Hinter mir hat sich schon
eine kleine Schlange vor dem Bankschalter gebildet. Ich
mache es kurz: »Also, das stammt von einer Hochzeit und
war so ein witzig verpacktes Geldgeschenk.«

Der junge Mann ringt sich ein Lächeln ab. »Sie haben
geheiratet? Ich gratuliere!«

»Nein, nicht ich. Ich bin DJ, und das Brautpaar hatte
nicht genug Bares dabei, um mich auszuzahlen. Deshalb
haben sie das hier aus den Geldgeschenken rausgefischt.
Wie auch immer, nehmen Sie das jetzt bitte an?«

Der Bankmensch fächert das Geldbündel durch. Die
Hunderter und Fünfziger sind wie eine Ziehharmonika
gefaltet. Und zwar so stark, dass sie von der Seite gesehen wie Treppenstufen gezackt sind. Ich hatte tatsächlich
überlegt, sie mit einem Bügeleisen zu glätten. Allerdings
war ich mir nicht sicher, ob die Geldscheine dadurch ka-
puttgehen könnten.

Der Jüngling hinter dem Schalter hat entweder die

Ruhe weg oder ist einfach nur ratlos. Die Schlange in meinem Rücken scheint ihn nicht im Mindesten zur Eile zu bewegen. »Gibt es so etwas heutzutage noch, dass Geld dermaßen gefaltet wird?«

Was soll jetzt diese blöde Frage? Er sieht es doch mit eigenen Augen. Na gut, ich spiele mit: »Ach, wissen Sie, ich habe da schon die dollsten Sachen gesehen. Kleine Schiffchen, Blumen, Sternchen und weiß der Teufel. Manche Leute, die Geld schenken, scheinen vorher extra einen Origamikurs an der Volkshochschule zu belegen.«

Er schüttelt den Kopf und sagt: »Also eigentlich sind die Scheine damit beschädigt.«

Schock. »Heißt beschädigt wertlos?«

Er deutet auf die Maschine neben sich, ein grauer Kasten mit einem Fach, wo das Geld zum automatischen Zählen eingelegt wird. Von dort aus verschwindet es normalerweise in den unergründlichen Tiefen des Bankgebäudes.

»Da kann ich es jedenfalls nicht einlegen«, sagt er. »Warten Sie mal einen Moment, ich muss das mit meinem Vorgesetzten besprechen.«

Schon ist er hinter den Kulissen verschwunden. Ich drehe mich beschämt zu der Wartereihe hinter mir um und versuche so auszusehen, als könnte ich für all das nichts. Was ja auch stimmt. Als mir böse Blicke zugeworfen werden, entscheide ich mich für den Klassiker, das ratlose Schulterzucken.

Fünf Minuten können verdammt lang sein, wenn man nicht weiß, ob sich 850 ehrlich verdiente Euro gleich als wertlos erweisen werden. So lange dauert es, bis der Bankmensch mit einem ernsten Gesichtsausdruck zurückkommt. Das Geldbündel hat er nicht mehr in der Hand. Ich schlucke trocken.

»Also, wir nehmen das jetzt mal so an. Aber das nächste Mal sollten Sie aufpassen, dass es nicht so stark gefaltet wird.«

Hat der mir nicht zugehört? Ich habe ihm doch erklärt, was der Grund für die Origamigeldscheine ist. Er reicht mir mit einer gönnerhaften Geste den Einzahlungsbeleg. Der Kerl tut tatsächlich so, als müsste ich dankbar dafür sein, dass ich seiner Bank soeben ein paar Hundert Euro anvertraut habe. Und das, nachdem er mit seiner dämlichen Fragerei den ganzen Betrieb aufgehalten hat. Flink falte ich den Beleg vor seinen Augen zu einem kleinen Fächer und wedele mir damit Luft zu. »Danke, ich werde es mir merken.«

Geld braucht Ihr am dringendsten – steht dazu!

Wenn Ihr eine größere Personenzahl zu Eurer Hochzeit einladet, werdet Ihr vermutlich mit Geschenken überhäuft werden. Deshalb macht Euch schon vor dem Verschicken der Einladungen klar, was Ihr wirklich brauchen könnt. Es ist ohne Vorgabe von Euch nahezu unmöglich für Eure Gäste, das zu entscheiden. Speziell wenn Ihr im Altersdurchschnitt für Eheschließungen liegt und um die 30 Jahre oder älter seid.[4] Wahrscheinlich wohnt Ihr schon seit einer ganzen Weile zusammen und habt einen voll ausgestatteten Haushalt. Stellt Euch vor, wie schwierig es für die Gäste ist, ein passendes Geschenk zu finden.

Die einzig wirklich sinnvolle Variante ist, wenn Ihr

---

[4] Durchschnittsalter in Deutschland 2012: er 33, sie 30 (Quelle: Statistisches Bundesamt), Schweiz: er 31, sie 29 (Quelle: Statistik Schweiz), Österreich: er 32, sie 29 (Quelle: Statistik Austria)

Euch einfach die Feier selbst wünscht. Immerhin kostet Euch dieses Fest locker einige tausend Euro. Egal was Euch sonst geschenkt wird, diese Kosten sind nun mal vorhanden. Alle Gäste, die schon selbst geheiratet haben, wissen und respektieren das – und auch die Unverheirateten können diese Situation nachempfinden.

Gebt am besten auf der Einladung ganz klar zu verstehen, dass Ihr Euch über Geldgeschenke am meisten freut. Das ist vollkommen legitim und üblich! Ihr könnt es ja etwas blumiger formulieren à la »Das Fest mit Euch ist das größte Geschenk für uns«. Ihr werdet sicherlich vielen Gästen einen großen Gefallen damit tun! Ihr habt auch selbst viel mehr davon, als wenn Ihr später auf gut gemeinten, aber nutzlosen Sachgeschenken sitzt.

Die meisten Gäste werden für die persönliche Note das Geld trotzdem mit einem schön verpackten Präsent überreichen. Hierfür solltet Ihr dreierlei organisieren: ausreichend Platz zum Abstellen, einen gewissenhaften Helfer sowie eine Möglichkeit zur sicheren Lagerung und zum Abtransport nach der Feier. Denn wo Geld vermutet wird, greifen Langfinger schnell zu. Solche Absichten will ich natürlich keinem Eurer Gäste unterstellen, aber in einem gastronomischen Betrieb weiß man nie, wer dort ein und aus geht. Ich habe den Fall erlebt, dass einem Fotografen bei einer geschlossenen Gesellschaft der Laptop geklaut wurde.

Euer Geschenke-Helfer, beispielsweise jüngere Verwandtschaft wie Nichte oder Cousin, sollte die Geschenke direkt nach der Übergabe mit Filzstift oder Aufklebern namentlich kennzeichnen. Fast immer gehen die beiliegenden Grußkarten im Lauf der Feier verloren oder werden vertauscht. Ihr wisst dann nicht mehr, von wem welches Geschenk kam. Das kann im Nachhinein echt peinlich werden, spätestens wenn Ihr Euch bei den Betreffenden bedanken wollt.

Übrigens: Sicherlich kommt auch Ihr mal als geladene Gäste auf einer Hochzeit in die Verlegenheit, ein Geldgeschenk zu verpacken. Mindestens 50 Euro pro Kopf sollte Euch das Brautpaar schon wert sein, eher mehr, schließich geben sie an diesem Tag für Euch und die anderen Gäste ein kleines Vermögen aus.

Am besten sucht Ihr ein nettes symbolisches Präsent und packt das Geld dazu ungefaltet in einen Umschlag mit Grußkarte. Geldscheine direkt in das Sachgeschenk einzubauen, egal auf welche Weise, ist definitiv out. Denn klein gefaltete Banknoten wie im Beispiel oben sind tatsächlich kaputt! Zwar nehmen die meisten Banken derart geschundene Scheine als Kundenservice an, sie werden aber anschließend von der Deutschen Bundesbank aus dem Verkehr gezogen. Das bedeutet im Klartext: Die einstmals schönen Moneten werden geschreddert, zu Pellets gepresst und verbrannt. Dafür müssen dann auf Kosten der Steuerzahler neue Banknoten gedruckt werden. Wenn Geldscheine zum Schenken gar laminiert oder verleimt werden, kann es passieren, dass Banken die Annahme verweigern. Denn durch vorsätzliche Beschädigung werden Banknoten wertlos.[*] Ehe Ihr Euch für ein Geldgeschenk diese Mühe macht, könnt Ihr die Scheine also auch gleich selbst verbrennen!

---

[*] vgl. Art. 3, Abs. 3a, Satz 1, EZB-Entscheidung 10/2013. In einem Schreiben der Deutschen Bundesbank vom 28. Mai 2013 heißt es hierzu: »Derzeit tauscht die Deutsche Bundesbank dem gutgläubigen Beschenkten solches vorsätzlich beschädigtes Geld zwar oftmals trotzdem um, aber wir sind hierzu nicht verpflichtet und behalten uns vor, jederzeit die diesbezügliche Verwaltungspraxis zu ändern.«

Die 5 peinlichsten Verpackungen für Geldgeschenke:

- Klein gefaltete, verleimte oder sonstwie beschädigte Geldscheine

- Torte aus Klopapier mit Geldscheinen in den Rollen

- Einbetonierte Geldscheine

- Geldscheine in aufgeblasenen Luftballons, die garantiert irgendwann platzen oder schlaff werden

- Ganz viel Münzgeld auf einem Haufen

Teil 2

Der Ablaufplan,
das Rückgrat
der Feier

Sünde 6: Mitternachtstorte

Der viel zu süße Partykiller

Es liegt eine Energie in der Luft, die auf meiner Haut prickelt. Ich blicke zufrieden auf die Schar der Tanzenden: durchgeschwitzte Hemden, in die Luft gestreckte Arme, lächelnde Gesichter. Am Rand der Tanzfläche wächst das Häuflein High Heels – immer mehr Ladys tanzen barfuß. Ich jubiliere innerlich: endlich! Die Party kommt doch noch in Schwung!

Anfangs hatte ich meine Zweifel, dass heute etwas daraus wird. Das Essen dauerte mehr als drei Stunden, es gab echt zu viele Reden. Danach war die Luft raus bei den Gästen. Genauso mühsam hätte man eine Schulklasse dazu bringen können, nach einer mehrstündigen Klausur noch freiwillig nachzusitzen, wie diese satt gegessenen, müde gesessenen Menschen zu einer ausgelassenen Feier zu motivieren.

Doch eine Stunde nach dem Eröffnungstanz ist es endlich so weit, und alle Müdigkeit scheint vergessen. Besonders freut mich, dass drei Generationen auf der Tanzfläche gemeinsam feiern. Ich sehe, wie die Brauteltern zum Afrika-Discoknaller *Pata Pata* von Miriam Makeba einen flotten Cha-Cha-Cha aufs Parkett legen, während die zwölfjährige Enkelin gemeinsam mit der Braut abrockt.

Dazwischen fröhliche Mittdreißiger, die ausgelassen tanzen und auf dem Dancefloor herumalbern.

Ich blicke quer durch den kleinen, festlich geschmückten Saal mit Stuckdecke und Kronleuchter, den das Brautpaar mit viel Geschmack ausgewählt hat. Wer sitzt jetzt eigentlich noch auf seinem Stuhl? Eine Handvoll Leute an einem der Tische ist in ein offenbar interessantes Gespräch vertieft. Oma und Opa beobachten das Geschehen grinsend hinter ihren Weizenbiergläsern. Na bitte, wer hätte das gedacht: Es müssen sich um die 50 Leute auf der Tanzfläche befinden.

Mein Blick bleibt an der Saaltür hängen. Ein eisiger Schreck durchfährt mich. Während der Bankettleiter eintritt, erhasche ich durch die Schwingtür einen Blick auf den Horror eines jeden Hochzeits-DJs: die Hochzeitstorte. Dreistöckig, in zartem Rosé. Jetzt fällt es mir schlagartig wieder ein! Wie bei jedem anderen Vorgespräch hatte ich dem Brautpaar vor Monaten davon abgeraten, die Torte um Mitternacht servieren zu lassen. Sie hatten geantwortet, es sich noch einmal überlegen zu wollen, sagten aber später nichts mehr zu dem Thema. In der Zwischenzeit habe ich auf 32 anderen Feiern aufgelegt und die Torte, um ehrlich zu sein, vergessen. Und nun das! Ich blicke auf die Uhr: Es ist zehn vor zwölf.

Der elegante Bankettleiter nähert sich mir mit professionell freundlichem Lächeln (er erinnert mich an Morrissey in jungen Jahren, den Sänger der britischen 80er-Jahre-Band The Smiths, allerdings ohne dessen charakteristische Schmalzlocke). Mir schwant, was er von mir will. Ich soll um Mitternacht »etwas Passendes« spielen, während die Torte hereingetragen wird. Ich zögere kurz – und ergebe mich dann meinem Schicksal. Die einzige Alternative wäre, die verdammte Torte in die Luft zu sprengen – aber dafür fehlen mir leider die Zeit und die technischen Mittel.

Zehn Minuten später wird das Licht im Saal noch weiter abgedimmt, eine Kellnerin winkt hektisch von der Tür herüber, hinter der es bereits unheilvoll flackert. Ich muss *Stayin' Alive* von den Bee Gees abrupt abwürgen (der Brautvater hatte zu diesem Song gerade seine Krawatte abgenommen und den obersten Hemdknopf geöffnet) und spiele stattdessen die dramatische Titelmusik der TV-Serie *Denver-Clan*. Unter festlichen Fanfaren wird die funkensprühende Torte in den Saal geschoben. Alle hören auf zu tanzen.

Applaus, ein Raunen unter den Gästen, und nachdem die extralangen Wunderkerzen endlich erloschen sind, folgt die übliche Prozedur. Das Brautpaar schneidet gemeinsam die Torte an und wird dabei vom Fotografen eifrig geblitzt. Das Personal fährt einen Servierwagen mit verdammt vielen Tellern herein. Mitten auf die Tanzfläche. Nicht ihr Ernst, oder?

Leider doch. Sie ziehen es durch. Das Brautpaar hat sich endlich das eigene Stück abgeschnitten, sogleich übernimmt ein Kellner den Job. Es ist gut, dass die Brautleute jetzt zumindest nicht ihre kostbare Zeit damit verschwenden, jedem Gast ein Stück zu servieren. Schlecht ist, dass weiterhin alles auf der Tanzfläche stattfindet, wo folglich keiner mehr tanzt. Und noch schlechter ist, dass nach dem mehrgängigen Dinner, das erst vor eineinhalb Stunden geendet hat, natürlich kein Mensch Appetit auf eine überzuckerte Marzipan-Creme-Torte hat.

Höflich lassen sich die Gäste üppig gefüllte Kuchenteller in die Hand drücken, um wie erschlagen die Sitzplätze anzusteuern. Wie kann ich diesen Wahnsinn stoppen? Oder zumindest noch einen Rest der tollen Stimmung retten, die bis vor wenigen Minuten im Raum herrschte?

Ganz klar: Ein richtiger Oberknaller-Hit muss her. Ich schicke *Aber bitte mit Sahne* von Udo Jürgens ins Rennen. Der Gag kommt gut an: Es wird zwar nicht getanzt, aber immerhin mitgeklatscht. Doch das reicht mir nicht. Ich eile zum Bankettleiter, der das Geschehen zufrieden vom Rand der Tanzfläche aus beobachtet. Ich sage zu ihm: »Tolle Torte! Aber können wir die jetzt bitte zum Buffet rüberfahren?« Ich blicke in verständnislose Augen. Eine kleine Notlüge muss her, sonst kapiert er es garantiert nicht: »Einige Gäste haben sich bei mir beschwert, sie würden gerne weitertanzen und hätten dafür keinen Platz.« Das sieht er ein, und nach einem preußisch gebellten »Selbstverständlich« geht er zum fleißigen Tortenschneider hinüber.

Mittlerweile haben sich bereits etwa 20 Leute hingesetzt, um in den Marzipanbergen auf ihren Tellern herumzustochern.

Leider zieht es sich noch einige Minuten hin, bis die Torte weggerollt wird. In der Zwischenzeit versuche ich, mit dem rhythmusstarken *Played-A-Live* der Trommelcombo Safri Duo so etwas wie Partystimmung zu entfachen. Mit einem Gefühl verzweifelter Machtlosigkeit beobachte ich schließlich, wie die restlichen Gäste der Torte zum Buffet folgen. Ich verstehe schon – eigentlich hat niemand Lust auf Kuchen, aber aus Höflichkeit holt man sich eben doch ein Stück.

Die Feier hat also genau den Bruch erlitten, vor dem sich jeder motivierte DJ fürchtet. Für die nächsten 30 Minuten ist es völlig egal, welche Musik ich spiele! Die jüngst enthemmte Partymeute hat sich zur spießigen Sitzgesellschaft zurückentwickelt. Es ist mehr als fraglich, ob die Stimmung noch einmal so aufleben wird wie zu dem Zeitpunkt, bevor die Torte hereingetragen wurde. Denn mit gefühlten fünftausend Kalorien im Bauch wird zu später Stunde das kuschelige Bett im Hotelzimmer plötzlich zur echten Alternative.

Es ist tatsächlich bereits halb eins, als ein paar wenige Gäste dank des Superhits *I Gotta Feeling* von den Black Eyed Peas auf die Tanzfläche zurückkehren. Immerhin… besser als nichts. Aber vor gerade mal einer halben Stunde waren es 50 an der Zahl, jetzt ist es ein halbes Dutzend. Schleppend kommt die Party wieder in Gang. Leider gehen bereits um eins die ersten Gäste nach Hause – überwältigt von all den Eindrücken des Tages, von einem mehrstündigen Menü und von dem Todesstoß für die Feier: der Zwangssitzpause wegen eines völlig überflüssigen, von keinem Gast goutierten (und zudem überteuerten) Stücks Killertorte.

Mitternachtstorte braucht kein Mensch!

Eine Hochzeitstorte müsse um Mitternacht angeschnitten werden, heißt es. Weshalb eigentlich? Historisch ist das nicht nachvollziehbar. Diese anscheinend aus der Luft gegriffene Unsitte ist einer der schlimmsten Stimmungskiller, den Ihr Eurer Feier antun könnt. Im Folgenden werde ich Euch verraten, wie Ihr dem entgehen könnt, ohne auf den schönen Brauch der Torte ganz zu verzichten.

Lasst uns damit beginnen, wie dieser Brauch eigentlich entstanden ist. Die Hochzeitstorte, wie wir sie heute kennen, hat ihren Ursprung in England. Dort wurde im Jahr 1859 nach der Trauung von Queen Victorias ältester Tochter Vicky wohl erstmals eine dreistöckige Torte gereicht, deren obere beide Teile ausschließlich aus Zuckerguss bestanden.[5] Etwas später setzte sich die bis heute beliebte Variante durch, bei der alle drei Etagen aus Kuchen bestehen.

Die Hochzeitstorte war ursprünglich der Mittelpunkt des nachmittäglichen Kuchenbuffets, das mit dem Anschnitt der Torte vom Brautpaar feierlich eröffnet wurde. Also mindestens acht bis neun Stunden *vor* Mitternacht! Getreu des überlieferten Brauchs führt das Brautpaar das Messer gemeinsam. Der Partner, dessen Hand dabei oben liegt, hat zukünftig in der Ehe das Sagen.

Wie dieses Ritual vom Kuchenbuffet am Nachmittag im Laufe der Zeit zur Mitternachtsstunde wanderte, kann nur gemutmaßt werden: wahrscheinlich weil in den letzten Jahrzehnten reine Kuchenbuffets allgemein aus der Mode gerieten. Immer öfter begannen Feiern erst gegen Abend, man wollte aber auf die Tradition des Tortenanschneidens nicht verzichten. Auch vor oder während des Dinners war es wohl wenig passend, und so wurde die Torte weiter nach hinten verlegt, mit einigem Abstand zum Essen. Letztendlich landete dieser Brauch auf Mitternacht.[6] Unlogisch ist die Platzierung eines Hochzeitsrituals um null Uhr schon deshalb, da hier der Tag der Trauung eigentlich endet. Weitaus schlimmer ist jedoch, was die ganze umständliche Aktion zu diesem Zeitpunkt für die Feier bedeutet.

In welcher Verfassung sind die Gäste einer Hochzeitsfeier um Mitternacht? Sie haben ein mehrgängiges Essen oder ein üppiges Buffet mit abschließendem Des-

---

[5] Simon Charsley, Wedding Cakes and Cultural History, Routledge 1992
[6] Übrigens scheint das eine rein deutsche Unsitte zu sein. Ich habe bei meinen DJ-Einsätzen mit Hochzeitsgästen aus aller Herren Länder auf allen Kontinenten darüber gesprochen. Tatsächlich ist die Hochzeitstorte in nahezu jedem Land als Brauch bekannt, doch nirgendwo wird sie um Mitternacht serviert.

sert hinter sich, das höchstens zwei Stunden zurückliegt. Die meisten haben in der Zwischenzeit Bier, Wein oder Sekt getrunken. Bei Feiern im Sommer ist es wahrscheinlich warm im Festsaal. Wer kann jetzt noch Lust auf etwas Süßes, Mächtiges entwickeln? Viel zu oft habe ich beobachtet, wie höchstens halb gegessene Tortenstücke auf den Tellern liegen blieben: Man hatte sie ohnehin nur aus Höflichkeit dem Gastgeber gegenüber angenommen.

Das größte Problem der Mitternachtstorte besteht allerdings darin, dass die Feier durch sie an einem empfindlichen Zeitpunkt unterbrochen wird. Der DJ hat es wahrscheinlich gerade geschafft, Stimmung aufzubauen, die Tanzfläche lebt, die Feier entwickelt Schwung – und schon sollen sich die Gäste wieder zurücknehmen, einem Ritual beiwohnen und zum Essen hinsetzen. Was das im ungünstigsten Fall bedeuten kann, habt Ihr gerade miterlebt.

Eine Hochzeitstorte an sich ist eine schöne Tradition und gehört dazu – allerdings sollte sie im richtigen Moment serviert werden.

Es gibt zwei optimale Zeitpunkte für den Anschnitt der Torte: nachmittags zu Kaffee und Kuchen, wie es ursprünglich üblich war, als dieser Brauch aufkam. Oder aber ganz modern für Abendfeiern: parallel zum (oder als) Dessert.

Die Kaffee-und-Kuchen-Variante bietet sich an, wenn ein nachmittägliches Beisammensein geplant ist. Beim Dessert hingegen passt die Torte immer, und so wird das in den meisten Nationen rund um die Welt von Neuseeland bis USA gehandhabt. Übrigens auch in Großbritannien, dem »Mutterland« der Hochzeitstorte. Dort ist der Anschnitt meist der letzte formale Pro-

grammpunkt nach allen Reden, ehe die Party losgeht.[7]
Nach mehreren Essensgängen haben die meisten Gäste
Lust auf einen süßen Ausklang, viele bestellen auch
Kaffee und Digestif. Wenn Ihr ein separates Dessert-
Buffet habt, könnt Ihr es mit dem Anschnitt der Torte
eröffnen.

Wie ich weiter unten erläutern werde, braucht Ihr bei
Eurer Hochzeitsfeier keine Zeit für Dinge zu verschwenden, die andere für Euch erledigen können. Schneidet
also das obligatorische erste Stück an und lasst Euch dabei fotografieren. Den Rest wird das Personal, das den
Kuchen schneidet und verteilt, gerne für Euch erledigen.
Euer Gastronom wird Euch das wahrscheinlich ohnehin
anbieten, aber sprecht das am besten bereits vor der Feier
ab. Auch der Fotograf sollte Bescheid wissen, wann es so
weit ist, damit Ihr auch ganz sicher ein schönes Foto davon bekommt.

Die Zusammensetzung der Torte ist natürlich Ge-
schmacksache. Der klassische Zuckerbäckertraum mit
Tonnen von Creme, den Euch die meisten Konditoren
aufschwatzen wollen, wird bei Euren Gästen kaum gut
ankommen. Zudem ist das ein teurer Spaß: Die Torte für
50 Gäste im eben geschilderten Beispiel hat 300 Euro gekostet.

Solche altmodischen Kalorienbomben sind einfach
out, und wenn die Torte nach dem Essen zum Dessert
gereicht wird, sollte sie erst recht nicht zu schwer sein.
Es muss auch kein Mehrstöcker sein: Ein Herz aus Him-
beeren oder Erdbeeren auf Vanillecreme und einem luf-

---

[7] In der Regel wird der Kuchen in Großbritannien nicht komplett
verzehrt. Es ist Brauch, geladenen Gästen, die nicht dabei sein können,
ein Stück mit der Post zu schicken.

tigen Teigboden ist ein guter Kompromiss. Eine weitere Variante, die meiner Erfahrung nach gut ankommt und nicht allzu sehr im Magen liegt, ist die gute alte Eistorte. Mit ein paar brennenden Wunderkerzen verziert und vom Personal in den verdunkelten Festsaal (nicht auf die Tanzfläche!) hereingetragen schafft sie ein festliches Las-Vegas-Feeling, das den Abschluss des Dinners einläutet.

Die 5 wichtigsten Songs für den Einzug der Hochzeitstorte:

- Bill Conti – Denver-Clan-Titelmusik

- Klaus Badelt – The Black Pearl (vom Soundtrack Fluch der Karibik)

- Alan Silvestri – Back To The Future (vom Soundtrack Zurück in die Zukunft)

- John Williams – End Credits (vom Soundtrack Jurassic Park)

- Udo Jürgens – Aber bitte mit Sahne (um die Stimmung beim Servieren zu vorgerückter Stunde zu retten)

Sünde 7: Planlosigkeit

Zeit für Liebe

So unromantisch es sich anhört: Eine stimmige Ablaufplanung ist für das Gelingen jeder Hochzeitsfeier entscheidend. Denn Zeit ist das kostbarste Gut für ein solches Fest, wertvoller als jedes Geldgeschenk und das beste Essen. Oft macht allein das Timing den Unterschied zwischen einem schönen Erlebnis zur richtigen Zeit und einem absoluten Stimmungskiller aus (Beispiel: die Torte um Mitternacht, wie Ihr eben gelesen habt).

Vor der falschen Platzierung von Programmpunkten wird Euch dieses Buch mit Leichtigkeit schützen. Etwas schwieriger ist es, den häufigsten Fehler bei der Planung zu vermeiden: Fast alle Brautpaare unterschätzen, wie lange die einzelnen Parts ihrer Feier tatsächlich dauern können. Dafür gibt es leider auch keine feste Regel, weil zu viele äußere Faktoren eine Rolle spielen. Das fängt mit dem Wetter an, reicht über Staus auf der Autobahn und Engpässe beim Coiffeur bis hin zur Tagesform Eurer Gäste und dem Service der Gastronomie.

Gegen ausufernde, langweilige Momente und eine Party, die viel zu spät in der Nacht startet, hilft nur eins: Plant alles realistisch und so knapp wie möglich. Und zwar so, dass Ihr als Brautpaar an dem Tag keine unnötige

Zeit mit Nebensächlichem verschwendet. Oder mit Aufgaben, die Ihr im Vorfeld an andere abgeben könnt.

Ich habe in meinem Beruf mit Hunderten Brautpaaren gesprochen, auch nach der Feier. Was wirklich ausnahmslos alle bestätigt haben, ist, dass die Zeit aus ihrer Sicht geradezu gerast ist. Schwupps, und schon war es vier Uhr früh. So viele Gäste, Situationen und Gespräche: Das alles könnt Ihr nur dann bewusst genießen, wenn Ihr alles vorher genau plant und bei der Feier keine Entscheidungen mehr treffen müsst. Dann seid Ihr wirklich frei und könnt Euch ganz entspannt zurücklehnen, um alles auf Euch wirken zu lassen.

Geht am besten vorab den gesamten Tag komplett im Kopf durch, angefangen mit der simplen Frage, wann Ihr morgens eigentlich aufsteht. Stellt Euch bildlich vor, was alles auf Euch wartet. Wann müsst Ihr wo sein, und was sollte bis dahin erledigt sein? Was ich mit bildhafter Vorstellung meine, möchte ich hier an einem kleinen Beispiel erläutern.

Nehmen wir an, Ihr heiratet kirchlich und habt 80 Gäste in die Kirche geladen. Die Trauzeremonie dauert 45 Minuten, das hat Euch der Pastor gesagt, und darauf könnt Ihr Euch auch verlassen. Aber was genau passiert direkt im Anschluss? Ihr beide werdet gemeinsam aus der Kirche treten, das ist klar. Aber was machen die Gäste? Stehen sie für Euch Spalier? Will Euch jeder Einzelne von ihnen gratulieren? Soll es ein Gruppenfoto geben? Was macht Ihr mit den ganzen schick gekleideten Leuten, falls es in Strömen regnen sollte? Fahren alle gemeinsam in einem Autokorso zur Feier-Location oder jeder einzeln? All das müsst Ihr Euch genau überlegen und in die Planung mit einbeziehen.

Während der Gratulation vor der Kirche tappen viele

Brautpaare häufig bereits in die erste von vielen Zeitfallen. Denn wenn Euch 80 Gäste ihre Glückwünsche aussprechen, könnt Ihr davon ausgehen, dass sie paarweise an Euch herantreten. Das macht also ungefähr 40 Gratulationen, die jeweils circa 30 Sekunden dauern. Somit haben wir schon mal 20 Minuten, die im weiteren Verlauf der Feier schmerzlich fehlen können – falls sie nicht eingeplant wurden.

Denn was später in der Regel noch dazukommt, ist die Übergabe der Geschenke. Die werden Eure Gäste natürlich nicht direkt vor der Kirche überreichen, sondern in der Feier-Location. Dort werden also nochmals alle auf Euch zukommen, und es sind wieder 20 Minuten weg, die man sich hätte sparen können – weil alles doppelt gemoppelt ist. Mein Rat an dieser Stelle: Lasst Euch nicht vor der Kirche gratulieren, sondern macht eine klare Ansage, dass es zuerst weitergeht in die Location. Dort können dann Gratulation und Geschenkübergabe in einem Aufwasch »abgearbeitet« werden. Ihr seid dabei ungestört, während vor der Kirche vielleicht schon die nächste Hochzeitsgesellschaft für die folgende Trauung anrückt, der Straßenverkehr stört oder Euch das Wetter einen Strich durch die Rechnung macht. An einem öffentlichen Platz gibt es einfach zu viele Faktoren, die Ihr nicht vorhersehen könnt.

Ich weiß, das hört sich jetzt alles vermutlich etwas kaltherzig und wie mit einem Rechenschieber entworfen an. Doch bitte glaubt mir: Genau so müsst Ihr bei der Planung erst mal denken, um die Dauer einzelner Programmpunkte realistisch einzuschätzen. An dem Tag selbst seid Ihr überwältigt von Gefühlen und habt weder Zeit noch Lust, Euch über so etwas Gedanken zu machen. Die Planung mit kühlem Kopf schafft den nötigen

Spielraum, damit Ihr bei der Feier jeden Augenblick umso mehr genießen könnt.

Umgekehrt kann es übrigens auch passieren, dass Programmpunkte spontan wegbrechen und Ihr plötzlich viel zu früh mit allem dran seid. Der Klassiker ist Regen, bei dem Aktionen im Freien wegfallen. Wo macht Ihr dann Eure Fotos? Wie überbrückt Ihr die Zeit, bis Euch die Türen der Location offenstehen? Ihr braucht also auf jeden Fall immer einen Plan B für schlechtes Wetter.

Auf solche potenzielle Schwachpunkte in der Planung kommt Ihr, wie gesagt, am besten durch eine bildhafte Vorstellung jeder einzelnen Station dieses Tages. Erstellt eine exakte Zeittabelle für den gesamten Ablauf von morgens bis zum Ende des Festes, und spielt dieses ganze Drehbuch im Kopf durch. Wenn Eure Hochzeitsfeier gelingen soll, darf es bei der Tagesplanung keinen Zeitraum geben, dessen Ablauf Euch selbst unklar ist. Genau an diesen Schwachpunkten kann etwas Unvorhergesehenes alles über den Haufen werfen. Oft wird daraus eine Phase der Langeweile für die Gäste, die nur Ratlosigkeit zurücklässt.

Im Anhang auf Seite 268 findet Ihr einen beispielhaften Ablaufplan, der Euch zeigt, wie so etwas aussehen kann. In dieser Übersicht sind alle wichtigen Programmpunkte so gesetzt, wie sie sich meiner Erfahrung nach als optimal für die Stimmung der Gäste erwiesen haben. Das ist wirklich nur ein Beispiel und kann natürlich je nach Gästeanzahl und Rahmenprogramm deutlich variieren.

Anhand dieser Übersicht dürftet Ihr auch ein Gefühl dafür bekommen, wie eng Ihr die einzelnen Zeitfenster ansetzen solltet. Als Faustregel gilt: Lieber zu knapp planen als zu großzügig. Denn am Ende dauert sowieso alles länger als gedacht. Das ist ein ganz verrücktes Phänomen, das ich immer wieder beobachtet habe. Ist auf einem Zeitplan ein Programmpunkt sehr ausgedehnt angelegt, denkt jeder: Da haben wir doch noch jede Menge Zeit. Alle lassen es schleifen. Und dann dauert es tatsächlich noch länger! Oft entstehen sogar genau dann die größten ungewollten Verzögerungen, offenbar weil niemand eine zu großzügige Deadline ernstnimmt. Im Gegensatz dazu geben alle Beteiligten einer straffen Planung von Anfang an viel mehr Gewicht. Es dauert dann zwar auch meistens etwas länger als notiert, aber genau das wird ja durch die absichtliche Verkürzung abgefangen.

Das bedeutet, eine knappe Planung wird in einem entspannten Fest resultieren. Die eine oder andere ungeplante Verzögerung stellt dann keine Gefahr dar. Ein zu großzügiger Plan dagegen wird mit Sicherheit in Langeweile ausarten. So ist beispielsweise garantiert jeder Sektempfang langweilig, wenn er länger als eine Stunde dauert. Haltet ihn und alle anderen unnötigen Zeitfresser also schon bei der Planung bewusst im Rahmen.

Die 5 häufigsten Planungsfehler bei Hochzeitsfeiern:

- Alles dauert in der Realität viel länger als geplant, und die Feier wird dadurch insgesamt langweilig für die Gäste

- Zu viele Beiträge (Reden, Präsentationen, musikalische Darbietungen etc.), die auf Dauer einfach nur anstrengend und ermüdend für das Publikum sind

- Stimmungstötende Unterbrechungen der Party, nachdem die Tanzfläche bereits eröffnet wurde (beispielsweise durch eine Hochzeitstorte um Mitternacht oder verspätete Vorträge und Spiele)

- Keine klaren Vorgaben vom Brautpaar, was gewünscht/erlaubt ist und was nicht

- Unfähiger »Zeremonienmeister« (z. B. überforderter Trauzeuge), der die Wünsche des Brautpaars nicht gegen übereifrige Gäste wie Tante Inge oder eine bornierte Gastronomie durchsetzen kann

Sünde 8: Rastlosigkeit

Der frühe Gast schluckt den Korn

Als ich um halb acht Uhr abends das schmucke kleine Landhotel betrete, dröhnt mir lautes Stimmengewirr aus dem Festsaal entgegen. Das klingt so gar nicht nach einem stilvollen Hochzeits-Dinner. Eher nach einer fiesen Absturzkneipe auf der Reeperbahn, wo sich morgens um fünf die Härtesten der Harten unter den Tresen saufen.

Ein Blick in den Saal sagt alles. Überall gerötete Gesichter mit stumpfen Blicken, denen der Alkohol zu Kopf gestiegen ist. Man unterhält sich unter Verzicht auf jegliche Tischmanieren schreiend über die runden Tafeln hinweg. Wieherndes Lachen von allen Seiten. Eine junge Frau sitzt mit hochgezogenem Rock auf dem Schoß ihres Freundes, und der befummelt sie ganz ungeniert. Krawatten gibt es hier keine mehr, dafür jede Menge hochgekrempelter Ärmel.

Auf den Tischen stehen neben etlichen leeren Weinflaschen und Biergläsern dampfende Suppenteller. Mein Gott, die sind erst bei der Vorspeise! Sie sind aber allesamt schon sternhagelvoll. Wo soll das noch hinführen?

Am Kopfende des Raums sitzt das Brautpaar, Donata und Kai, wie ein Häufchen Elend und beobachtet das Treiben mit unbehaglicher Miene. Sie haben mich noch nicht entdeckt, und ich ziehe mich schnell zurück. Ich muss mich erst mal sammeln, ehe ich die beiden mit gespielt guter Laune begrüßen kann.

Es wird sicherlich alles andere als angenehm, mit dieser Kampftrinkertruppe da drinnen zu arbeiten. Bis zum Eröffnungstanz in zwei Stunden wird ihr Alkoholpegel jede Messlatte sprengen. Mir graut jetzt schon vor unpassenden Musikwünschen und provokanten Sprüchen, die mir einige dieser Spezis vermutlich die ganze Nacht hindurch ins Ohr sabbern werden. Aber als Profi darf ich mir meinen Unmut natürlich auf keinen Fall anmerken lassen, schon gar nicht gegenüber den Gastgebern.

Ich gehe erst mal hinüber zur Rezeption, die gleichzeitig Hotelbar ist. Ich kenne das brünette Mädel hinter dem gepflegten Nussbaumtresen gut, denn ich bin etwa zehn Mal pro Jahr in dieser Location im Einsatz.

»Hallo, Melanie. Was um alles in der Welt ist denn mit denen da drüben los? So etwas habe ich ja um diese Uhrzeit noch nie erlebt.«

Sie sieht erschöpft aus. »Frag nicht. Die haben schon seit heute Nachmittag um drei die halbe Bar leer gesoffen. Das Brautpaar war irgendwo Fotos machen, und da fing das ganze Elend an. Echt Horror, das kann was werden heute.«

»Krass«, sage ich. Und weiß auch schon, was hier schiefgelaufen ist.

Atempause für die Gäste

Es ist immer wieder erstaunlich, wie man allein durch das Wecken einer Erwartungshaltung Menschen steuern kann. Das gilt vor allem für größere Gruppen wie Hochzeitsgesellschaften. Die Meute muss wissen, wo die Reise hingeht, damit sie sich wohl fühlt.

Was die unglücklichen Brautleute in dem Landhotel falsch gemacht haben, ist nur ein winziges Detail – allerdings mit fatalen Auswirkungen. Die beiden haben in ihrem Zeitplan lediglich einen einzigen Satz vergessen. Und der lautet:

Die Zeit von 15.30 Uhr bis um 18 Uhr steht den Gästen zur freien Verfügung.

Durch dieses kleine Versäumnis ist bei der Feier von Donata und Kai Folgendes passiert: Die Trauzeremonie war wie so oft für den frühen Nachmittag auf dem Standesamt eingeplant. Danach traf gegen 15 Uhr die ganze Herde im Landhotel ein und wurde mit einem Glas Sekt empfangen. Die Brautleute hatten nun auf ihrem persönlichen Programm ein Shooting mit der Fotografin stehen, das eine Stunde dauern sollte. Die beiden ließen dafür ihre Gäste zurück, ohne ihnen zu sagen, wie es nun für sie weitergehen sollte.

Nun stelle man sich das aus der Sicht der Gäste vor. Der Abendempfang vor dem Dinner war für 18 Uhr angesetzt. Das heißt, die Leute hatten nun drei lange Stunden vor sich, und keiner wusste, was in dieser Zeit passieren sollte. Jeder fühlte sich verpflichtet, in der Gruppe zu bleiben. Alle gingen davon aus, nun bei zähem Smalltalk bis zur Abendveranstaltung durchhalten zu müssen. So kam es zur allgemeinen Attacke auf die Hotelbar, denn Langeweile ist der sicherste Garant für übertriebenen Alkoholkonsum. Ich bin ganz sicher: Hätte das Brautpaar diesen Zeitraum klar für alle Gäste zur freien Verfügung markiert, wäre die Feier nicht vorzeitig abgesoffen.

Diesen Fehler könnt Ihr ganz leicht vermeiden. Und versucht bitte auch nicht auf Teufel komm raus Eure Gäste über den ganzen Nachmittag hinweg nonstop zu unterhalten. Jeder braucht mal eine Verschnaufpause. Schließlich sind die Leute nicht nur da, um sich zu amüsieren, sie wollen ja auch zum Gelingen des Festes beitragen. Sie putzen sich heraus, benehmen sich besonders gut, haben vielleicht eine weite Anreise hinter sich – sie geben sich Mühe. Das kann verdammt anstrengend sein.

Vermerkt deshalb bereits auf der Einladung einen Zeitraum von mindestens eineinhalb Stunden zwischen der Trauzeremonie und der Abendfeier eindeutig als Pause zur freien Verfügung. Macht gern Vorschläge, wie Ortsunkundige die Zeit gut nutzen können. Ihr könnt beispielsweise Kopien einer Umgebungskarte auf den Zimmern auslegen, wo schöne Spazierwege oder attraktive Ziele eingezeichnet sind. Darüber hinaus solltet Ihr keine Vorgaben machen, sondern jedem selbst überlassen, wie er die Pause verbringen möchte.

So gebt Ihr Euren Gästen den nötigen Freiraum, ohne dass planlose Langeweile entsteht. Angereiste können sich auf ihren Zimmern frisch machen, sich in der Umgebung die Beine vertreten oder durch ein kleines Nickerchen Kraft für eine lange Feier schöpfen. Als gemeinsames Ziel haben alle den Empfang zur Abendfeier vor Augen. Durch die Pause erreicht Ihr, dass sich die Gäste darauf freuen – anstatt das Gefühl zu haben, sich bis dahin von einem Drink zum nächsten durchhangeln zu müssen.

Ihr selbst könnt diese Pause nutzen, um mit Eurer Fotografin ganz entspannt Paarbilder zu machen. Dafür solltet Ihr mindestens eine Stunde einplanen, wenn Ihr wirklich tolle Fotos haben wollt. Besprecht rechtzeitig vor der Feier, welche Hintergründe im Trockenen sich bei

Regenwetter anbieten. Was sonst noch im Umgang mit der Fotografin zu beachten ist, erfahrt Ihr in Kapitel 20 auf Seite 160. Im Idealfall habt ihr nach der Fotosession selbst noch Zeit für eine kleine Verschnaufpause, ehe der Abendempfang losgeht.

5 Dinge, die jeder Hochzeitsgast verdient hat:

- Klare Ansagen, was als Nächstes passieren soll

- Die Telefonnummer eines festen Ansprechpartners für Rückfragen, am besten die vom Zeremonienmeister und von der Feier-Location

- Schriftlicher Ablaufplan der Feier auf dem Zimmer oder beim Empfang

- Ausreichend große Pause zwischen Zeremonie und Abendfeier

- Umgebungskarte mit Spazierwegen und Sehenswürdigkeiten

Sünde 9: Völlerei

Wer isst, feiert nicht

Ich habe mehr als 45 Tage meines Lebens damit verbracht, Hochzeitsgästen beim Kauen zuzuschauen. Damit meine ich volle Tage mit 24 Stunden, rund um die Uhr prall gefüllt mit mahlenden Kiefern und leise schmatzenden Mündern.

Gott sei Dank hat sich das auf acht Jahre und über 350 Hochzeitsfeiern verteilt. Sonst würde ich heute vermutlich in einer geschlossenen Anstalt sitzen und die Wände mit Bildern von Steaks, Fischfilets und Kartoffeln beschmieren. Sicherlich würde ich auch jegliche Nahrungsaufnahme verweigern und müsste künstlich ernährt werden.

So viel vorab: Ich selbst weiß gutes Essen durchaus zu schätzen. Aber ich habe auf allzu vielen Festen Dinners erlebt, die deutlich zu lange gedauert haben. Gerade Menüs mit mehr als drei Gängen haben die Eigenschaft, sich wie ein anstrengender Marathon über drei oder vier Stunden zu erstrecken. Wenn Menschen wie Tante Inge unter den Gästen sind, die zwischen den Gängen ungefragt Spielchen und langatmige Beiträge abhalten, kann sogar die unglaubliche Fünf-Stunden-Marke geknackt werden!

Falls Ihr Gourmets seid, ist erst mal gar nichts gegen

eine ausufernde Aneinanderreihung von Köstlichkeiten wie »Brust von der Bresse-Poularde mit Steinpilzen und Kürbis-Aprikosen-Chutney im Minikürbis« einzuwenden. Bloß: Erwartet nicht von einer bunt gemischten Gruppe im Alter von vier bis 84 Jahren, dass sie das auch wirklich zu schätzen weiß.

Das Essen und die Bewirtung sind fraglos ganz wichtig für eine Feier. Es muss gut schmecken und satt machen, wenn alle Anwesenden zufrieden sein sollen. Aber die Nahrungsaufnahme zu einem eigenen mehrstündigen Event innerhalb der Feier auszubauen ist total kontraproduktiv für das, worauf es bei einem Fest ankommt: die Stimmung!

Mal ganz ehrlich, auch wenn Gastronomen das nicht gern hören: Die Menschen sind wegen Euch hier, dem Brautpaar. Nicht wegen des Essens – und auch nicht jeder ist ein Feinschmecker. Insofern sollte das Essen an die Bedürfnisse der Gäste angepasst werden und nicht umgekehrt.

Meiner Erfahrung nach ist ein Festessen von zwei bis maximal zweieinhalb Stunden das höchste der Gefühle. Gerade bei Hochzeiten, auf denen viele Kinder sind, entsteht sonst eine ausgesprochene Unruhe. Im anderen Extrem kann sich bleierne Müdigkeit breitmachen, wenn ein Essen drei, vier Stunden oder gar länger dauert. Dabei geht so viel Energie und Emotion verloren, dass selbst der beste DJ oder die flotteste Band im Anschluss die Feier nur schwer wiederbeleben kann. Also wenn Ihr ein Menü gegenüber einem Buffet bevorzugt, dann beschränkt es am besten auf die drei wichtigsten Gänge Vorspeise, Hauptgang, Nachspeise.

Vielleicht ist es für Euch interessant, an dieser Stelle mal von einer ganz anderen Variante des Hochzeitfeierns zu hören. Ich hatte das Glück, für viele Kulturkreise als DJ arbeiten zu dürfen. So hatte ich im Lauf der Jahre Gäste aus mehr als 20 verschiedenen Nationen aus aller Welt vor mir. In vielen Ländern steht wirklich das Feiern im Vordergrund. Das Essen ist dort Teil der Feier, und nicht umgekehrt. Ob es nun eine türkische, marokkanische oder argentinische Hochzeit ist: Die Gäste kommen rein und legen sofort den ersten Tanz aufs Parkett. Da herrscht gleich richtig gute Stimmung. Zur Stärkung kommt der erste Gang. Dann wird wieder getanzt. Und so weiter.

Ich weiß, für eine deutsche Hochzeit ist das utopisch. Wir Deutschen sind dafür einfach zu förmlich. Wir müssen immer zuerst unsere Pflicht erfüllen, ehe wir uns gehen lassen können. Aber es lohnt sich, zumindest die Einstellung feierfreudiger Nationen mit in eine Hochzeitsfeier zu nehmen. Nämlich die grundsätzliche Haltung, dass es tatsächlich ein fröhliches Fest ist! Und kein steifes Geschäftsessen, bei dem vielleicht im Anschluss noch ein wenig gefeiert wird.

Das, was Ihr auf Eurer Hochzeitsfeier auf keinen Fall erleben wollt, nennt man hierzulande in Spießerkreisen »geselliges Beisammensein«. Ich bin mir sicher, was Ihr an Eurem großen Tag erleben wollt, nennt sich »die beste Party Eures Lebens«!

Schlange stehen oder stundenlang herumsitzen?

Ob ein Menü oder ein Buffet vorzuziehen ist, möchte ich jedem selbst überlassen. Beides hat Vor- und Nachteile. Wenn Ihr mich allerdings fragt, was ich auf meiner eigenen Hochzeit machen würde: Ganz klar Buffet! Allein schon deshalb, weil dadurch automatisch Bewegung in den förmlichsten Teil der Feier kommt. Ich mag nun mal keine Langeweile, dafür ist mir mein Leben zu kurz.

Klar, Schlange stehen vor dem Essen mag der ein oder andere als Zumutung empfinden. Ich erlebe es als Befreiung davon, steif mit immerzu denselben Menschen an einem Tisch sitzen zu müssen. Ich schätze es sehr, auch mal mit anderen Leuten ins Gespräch zu kommen. Außerdem macht es mir Spaß, mit eigenen Augen zu sehen, was es alles Leckeres gibt, und frei wählen zu können. Dieser zweite große Vorteil des Buffets ist für mich unschlagbar: Jeder kann genau das essen, worauf er gerade Lust hat! Und zwar so viel davon, wie er möchte.

Sicherlich wird man im Falle eines Menüs als Gast auf der Einladung zur Hochzeit gefragt, ob man Fleisch, Fisch oder vegetarische Kost bevorzugt. Aber woher soll ich ein halbes Jahr im Voraus wissen, worauf ich bei der Feier Hunger haben werde? Ich kann ja morgens beim Frühstück noch nicht mal sagen, was ich am selben Tag zu Mittag essen werde! Womöglich bin ich in ein paar Monaten vom Fleischesser zum Vegetarier geworden, oder vielleicht hatte ich bis dahin eine Fischvergiftung und kann nichts ertragen, wo Gräten drin sind.

Ich persönlich wähle mein Essen lieber spontan, und vermutlich geht es vielen Eurer Gäste genauso. Übrigens kann ein Buffet auch so organisiert sein, dass man nicht Ewigkeiten anstehen muss. Nämlich wenn es zwei identische Buffetstationen gibt, die gleichzeitig benutzt werden können. Das ist eine ganz einfache Rechnung, die sogar ich hinbekomme, obwohl ich immer eine Fünf in Mathe hatte: Zwei Schlangen für dieselbe Anzahl von Gästen ergibt die halbe Anstehzeit.

Was Ihr bei einem Buffet unbedingt mit der Gastronomie vereinbaren solltet, ist eine gesetzte Vorspeise. Denn sonst passiert Folgendes: Die Gäste kommen herein und setzen sich an einen Platz mit leerem Teller (denn ohne Teller sieht eine festlich gedeckte Tafel seltsam aus). Irgendwann wird das Mahl eröffnet, die Leute erheben sich mit leerem Teller – und natürlich leerem Magen –, um an das Buffet zu treten. Wozu also hat man sich überhaupt erst hingesetzt?

Also besser erst mal einen Gang am Platz. Soll der Service vereinfacht werden, könnt Ihr auch einfach Salat als Vorspeise gleich mit decken lassen. Frischer Salat kann gerade in den warmen Sommermonaten sogar besser ankommen als klassische Hochzeitssuppe.

Der zweite Vorteil einer gesetzten Vorspeise ist, dass direkt danach eine oder zwei Reden gehalten werden können. Jeder hat dann schon etwas im Bauch, ist aufnahmefähig, und die Eröffnung des Buffets wirkt danach stimmig.

Anmerkung: Vielleicht erwartet Ihr nun eine Übersicht der fünf beliebtesten Hauptspeisen. Das ist allerdings so dermaßen abhängig von der jeweiligen Küche, dass ich hierzu keinerlei Empfehlung aussprechen möchte. Jede Gastronomie und jeder Caterer hat unterschiedliche Stärken. Eines ist auf jeden Fall sicher: Einfaches Essen, dafür gut zubereitet, kommt bei bunt gemischten Gesellschaften immer am besten an. Wesentlich besser als überteuertes Gourmetgedöns, bei dem man das Essen mit einer Lupe auf riesigen Designertellern zwischen kunstvoller Dekoration suchen muss. Vergesst bitte nicht, die wichtigste Anforderung an das Essen ist ganz schlicht und sehr menschlich: Alle wollen satt werden!

Sünde 10: Falscher Snack zur falschen Zeit

Fressorgie mit Folgen

Es ist einer dieser Landgasthöfe aus den 70er Jahren, die noch genauso aussehen wie damals. Überall Holzfurnier in dunkler Eiche für ein schummriges, bedrückendes Ambiente. Dazu braune Fliesen und Schwingtüren mit gelblichem Milchglas.

Heutzutage herrscht hier natürlich Rauchverbot, aber der Muff von Jahrzehnten mit verqualmten Schützenfesten hängt noch immer hartnäckig in der Luft. Davon kann die vergilbte Fototapete mit Waldmotiv hinter mir auf der Bühne ein Lied singen. So ein Klischee von deutscher Wandgestaltung habe ich noch nie im echten Leben gesehen. Es fehlt eigentlich nur noch ein Hirschgeweih, und ich würde mich fühlen wie der Protagonist in Heinz Strunks Buch »Fleisch ist mein Gemüse«.

Das schockierendste Inventar dieses Gasthofs befindet sich jedoch auf der Herrentoilette. Dort gibt es doch tatsächlich ein so genanntes Speibecken, das eigens dem Erbrechen dient. Es ist eine viereckige Porzellanschüssel, die in Brusthöhe an der Wand angebracht ist. Darüber sind zwei Metallgriffe festgeschraubt, damit sich die Besoffenen beim gepflegten Abreihern festhalten können. Gespült wird mit einem Fußpedal. Ich hatte schon davon gehört, dass es so etwas geben soll. Aber das ist wie mit einem UFO: Würdet Ihr daran glauben, wenn Ihr es nicht mit eigenen Augen gesehen habt?

Um gewohnt positiv an den heutigen Job rangehen zu können, rede ich mir das Ambiente schön. »Ist doch urig«, denke ich. Dann geht das Essen los, und ich muss gestehen: Das Buffet ist super. Wirklich lecker. Es gibt Wild und Geflügel, saftigen Rotkohl, frisch gedünstetes Gemüse. Die Gesellschaft mit 70 Gästen ist gut drauf, und schnell ist das schreckliche Interieur vergessen. Der Eröffnungstanz kommt pünktlich um 22 Uhr, und es dauert nicht lange, dann rockt die Party. Ich bin heilfroh, dass keine Mitternachtstorte droht, denn den Kuchen gab es schon am Nachmittag.

Mir fällt allerdings auf, dass immer wieder Personal durch die Tür neben der Bühne ein- und ausgeht. Ich weiß aber genau, dass in dem Raum dort keine Feier stattfindet. Aus reiner Neugier werfe ich einen Blick hinein und sehe eine komplett eingedeckte Tafel für ungefähr so viele Gäste wie hier drüben im Festsaal. Im ersten Moment denke ich: Aha, die bereiten also schon mal alles für morgen vor.

Doch dann entdecke ich die Berge von frisch angerichteten kalten Speisen an der Wand. Das kann nicht für morgen sein. Verdammt, das ist der Mitternachtssnack! Nein, eigentlich ist es mehr, es ist ein zweites vollständiges Buffet mit allem Drum und Dran, nur eben kalt. Wer soll das alles essen, wo das Abendessen kaum mehr als zwei Stunden zurückliegt? Langsam kommt der schreckliche Verdacht in mir auf, das Speibecken dient nicht nur dem übermäßigen Alkoholkonsum ...

Als die Gastwirtin um kurz vor null Uhr in meine Richtung kommt, ahne ich bereits, was gleich geschehen wird. Schade um die schöne Feier, aber ich kann wohl nichts dagegen tun. Resigniert folge ich ihrer Bitte, das Mitternachtsbuffet nebenan per Mikrofondurchsage zu eröffnen. Aber bitteschön mit dem Hinweis, dass dort für alle ausreichend Plätze eingedeckt sind, das ist ihr ganz wichtig. Jeder soll wissen, wie viel Mühe sich die Wirte gegeben haben und was das für ein tolles Buffet ist.

Es folgt das Unvermeidliche: Ausnahmslos alle Gäste verlassen die Party und gehen in den hell erleuchteten Nebenraum. Die gesamte Energie der Feier entweicht schlagartig wie die Luft aus einem entknoteten Ballon. Da ich ähnliche Situationen schon öfter erleben musste, weiß ich, dass diese Energie nicht mehr zurückkehren wird. Eine solche Unterbrechung ist der sichere Tod eines jeden Festes. Noch dazu wenn die Leute sich in dieser Pause die Mägen vollschlagen.

Ich drehe die Musik etwa leiser und betrachte die Wüste vor mir. Leere Plätze, leere Gläser, jede Menge Eichenfurnier. Das ist wie ein Albtraum. Eben noch super Stimmung, jetzt totale Einöde. Es gibt nur einen Menschen, der sich jemals einsamer gefühlt haben dürfte als ich in diesem menschenleeren Festsaal: Michael Collins, der dritte Astronaut bei der Mondlandung. Er blieb allein an Bord des Raumschiffs im Mondorbit zurück, während seine beiden Kollegen unten spazieren gingen.

Ich verbringe eine geschlagene Dreiviertelstunde völlig alleine in meiner DJ-Raumkapsel vor der Waldtapete, bis erste vereinzelte Gäste lustlos zurückgetrottet kommen. Natürlich hat sich die Feier damit erledigt. Egal welche Superhits ich spiele, die Tanzfläche bleibt leer. Die bis zum Rand vollgegessenen Leute sind einfach nur noch müde. Das schreit nach Bettruhe. Es setzt die übliche Kettenreaktion ein: Geht erst mal ein Teil der Gruppe, folgt der Rest bald darauf.

Bereits um zwei Uhr verabschieden sich die letzten Gäste. Hätte es keine Unterbrechung gegeben, wäre es hier mit Sicherheit noch lange fröhlich weitergegangen. Was für eine bescheuerte Idee, mitten in der Nacht im Nebenraum eine Fressorgie zu erzwingen! Aber gut, was will man von einer Spelunke mit einem Speibecken auch an organisatorischem Fingerspitzengefühl erwarten? Vielleicht doch alles ein wenig *zu* urig für eine Hochzeit im 21. Jahrhundert.

Lieber Currywurst als Kaviar

Grundsätzlich ist es absolut richtig und wichtig, den Leuten zu später Stunde noch mal etwas Kräftiges zu servieren. Egal welche Unmengen von Essen sich die Gäste beim Dinner bereits einverleibt haben, im Zeitraum zwischen Mitternacht und ein Uhr kommt bei jedem Fest noch einmal Hunger auf. Der Mitternachtssnack kann durchaus auch in einem Nebenraum angerichtet werden. Bloß eins darf nicht passieren: Dass alle Gäste extra dafür umquartiert werden.

Wo immer der Snack steht, dort sind also bitteschön keine Sitzgelegenheiten einzurichten. Dann klappt alles Weitere von alleine: Kurze Ansage, die Leute holen sich ihre Portion und kommen dann gleich wieder zurück. Die Musik läuft die ganze Zeit weiter, und die Party wird nicht unterbrochen. Noch besser ist es, wenn der Snack im Partyraum oder zumindest in Sichtweite der Tanzfläche angerichtet wird. Dann muss noch nicht mal etwas gesagt werden. Die hungrige Meute versteht das schon von alleine.

Ihr braucht auch kein komplettes zweites Buffet zu bezahlen. Snack bedeutet: überschaubare Mahlzeit für den kleinen Hunger zwischendurch. Nicht mehr, aber auch nicht weniger. Oft setzt der richtige Ansturm erst zwischen ein und zwei Uhr früh ein. Um diese Uhrzeit und nach so viel Alkohol braucht der Mensch etwas Würziges, also serviert bitte bloß keine Torte. Am besten auch nichts Abgehobenes, der nächtliche Partyhunger ist ganz direkt und bodenständig. Teure Kaviar-Schnittchen oder ausgefallene Häppchen könnt Ihr Euch echt sparen.

Besonders gut eignet sich tatsächlich einfache, deftige Kost. Selbst die edelsten Hotels sind sich nicht zu schade, um Mitternacht als Fingerfood verkleidete Currywurst zu reichen oder ganz einfache Spiegeleier zu braten. Parallel kann auf jeden Fall eine Käseplatte aufgetischt werden, das kommt nicht nur bei Vegetariern gut an. Sollte das vorangegangene Festessen aus einem Buffet bestanden haben, darf auch gern übrig gebliebener Nachschub an kalten Gerichten angerichtet werden.

Grundsätzlich sollte der Mitternachtssnack über einen längeren Zeitraum bereitstehen. Die Gäste holen sich eine Portion, wann immer sie wollen. Diese kleine Zwischenmahlzeit ist für eine Party das, was Doping für den Radsportler ist: Damit halten alle länger durch. Vorausgesetzt, das Rennen wird dafür nicht unterbrochen! Denn im Leistungssport ebenso wie auf einer Hochzeitsfeier kommen die Teilnehmer nach einer zu langen Pause nur sehr schwer wieder in Fahrt.

Die 5 beliebtesten Mitternachtssnacks:

- Currywurst

- Gulaschsuppe

- Chili con Carne

- Käseplatte

- Deftige belegte Brote, gern in Kombination mit Spiegelei oder Rührei

Teil 3

Der Zeremonienmeister, die gute Seele der Feier

Sünde 11: Peinlichkeit

Lieber Spielverderber als Stimmungskiller

Mehr als sechzig Augenpaare sind auf Maik gerichtet, den übertrieben fröhlichen, stark schwitzenden Trauzeugen. In der Hand hält er mein Funkmikrofon. Neben ihm steht Emma, seine zartgliedrige blonde Frau. Sie fühlt sich sichtlich unwohl im Zentrum der Aufmerksamkeit, wie ihre hochgezogenen Schultern und der schüchtern schräg gelegte Kopf verraten. »Was kommt denn jetzt noch?«, fragen sich die hungrigen Gäste, die sehnsüchtig auf den Hauptgang warten. Der Brautvater klopft an sein leeres Sektglas: »Eine Rede, Leute, der Maik will eine Rede halten.« Selbst von meinem DJ-Pult aus kann ich erkennen, dass sich die Begeisterung in Grenzen hält.

Aber Maik und Emma haben sich etwas Lustiges zur Unterhaltung des Brautpaars und der Gäste ausgedacht. Glauben sie zumindest. Mir schwant nichts Gutes. Da die beiden sich im Vorfeld nicht mit mir abgestimmt haben, weiß ich nicht, was genau sie im Schilde führen. Ich hatte allerdings vor dem Eintreffen der Gäste bereits dieses *Gebilde* gesehen, das schon den gesamten Abend lang in der Ecke lehnte. Es ist ein großes Quadrat aus dünnem Holz mit etwa anderthalb Meter Kantenlänge, an dem ein Dutzend halb erschlaffter Luftballons etwas traurig herabbaumeln.

Bis zu diesem Moment wusste ich nicht, zu wem das Ding gehört, sonst hätte ich denjenigen vorher diskret zur Seite genommen: »Sag mir bitte, dass das kein Hochzeitsspiel ist!« Denn das Brautpaar, Volker und Iris, hatten mir im Vorgespräch ihre sehr vernünftige Haltung mitgeteilt: »Wir wollen auf gar keinen Fall irgendwelche Spiele machen!« Meine Vermutung wird nun zur Gewissheit, das Holzbrett *ist* Teil eines Hochzeitsspiels. Ich versuche mir im Sinne des Brautpaars und aller Gäste noch einen Rest Hoffnung zu bewahren, dass es nicht allzu dämlich wird.

Nun haben Maik und Emma das Brett vor dem Publikum aufgebaut. Der zugegeben kräftig gebaute Maik schwitzt so sehr, ich würde ihm am liebsten raten, sein Jackett wieder anzuziehen. Die dunklen Flecken unter seinen Achseln ziehen sich schon bis zur Taille. Ein cremefarbenes Rüschenhemd war keine gute Wahl für diesen Abend. Was ich da sehe, ist eindeutig nicht den Temperaturen geschuldet, es ist Angstschweiß. Ich erkenne so etwas. Maik wirkt so aufgedreht, man möchte ihm zuraunen: Niemand zwingt dich dazu, lass es doch einfach bleiben!

Zu spät, er wendet sich mit dem Funkmikrofon direkt an das Brautpaar: Rückkopplung, ein fieser Pfeifton und dann: »Lieber Volker, liebe Iris, kommt doch bitte mal nach vorne.«

Trauzeugin Emma kramt nervös in einer fleckigen Jutetasche und fördert drei Dartpfeile zutage. Nicht diese Kneipen-Exemplare aus Plastik, sondern gefährliche Wurfgeschosse mit echten Metallspitzen. Ich freue mich schon darauf, nach diesem Quatsch *Last Night a DJ saved my life* für alle Gäste zu spielen, die noch einmal mit dem Leben davongekommen sind.

Die Braut hält mittlerweile einen der Dartpfeile wie einen toten Fisch in der sorgsam manikürten Hand. Man spürt, dass sie in ihrem Leben noch nicht viel Zeit mit Dartspielen verbracht hat. Vielleicht bereitet ihr aber auch die Metallspitze ein mulmiges Gefühl. Der Bräutigam sieht ebenfalls nicht sonderlich begeistert aus.

Maik erklärt die »Regeln« des Spiels, obwohl selbst ein Blinder kapieren würde, was zu tun ist. Ich bin gespannt darauf, was der Clou sein soll, nein, eigentlich weiß ich schon, dass es keinen Clou geben wird! Maik ist da aber anderer Meinung, und mit vor Aufregung gellender Stimme (das Mikrofon pfeift erneut) lässt er die Katze endlich aus dem Sack: »In den Ballons befinden sich sechs Nieten und sechs Geldgeschenke. Eure Aufgabe ist es, die sechs richtigen zu treffen.«

Ich sehe mir die reglosen Gesichter der Gäste an. Es gibt keine Ohs und Ahs, kein amüsiertes Lachen. Warum auch – wo soll da der Gag sein? Die Brautleute bekommen Geld geschenkt. Das ist gut, denn das brauchen sie als Gastgeber eines wahnsinnig teuren Festes wirklich. Dank Maik müssen sie es sich allerdings symbolisch verdienen. Das ist schon weniger gut, denn eine Hochzeit ist ganz sicher nicht der richtige Ort, um Dartspielen zu erlernen.

Doch am allerwenigsten leuchtet ein, dass es sechs Nieten gibt. Na und? Dann dauert dieser ganze Unsinn eben noch länger, wird dadurch aber auch nicht spannender. Die beiden können am Ende nur gewinnen. Es ist, als würde man sämtliche Lose an der Losbude kaufen. Irgendwann wird man die Volltreffer schon auspacken. Es ist lediglich eine Frage der Zeit. Und die ist auf einer

Hochzeit leider kostbarer als alles andere, vor allem in der kurzen Lücke zwischen Vorspeise und Hauptgang …

Schon der erste Wurf der Braut lässt ahnen, dass sich die Sache tatsächlich in die Länge ziehen wird. Der Pfeil zischt etwa zwanzig Zentimeter über das Ziel hinweg, landet auf dem Boden und schlittert unter den Geschenketisch. Niemand lacht. Pfeil zwei geht rechts an der Platte vorbei, der dritte trifft sie immerhin – wenn auch direkt in den großen Freiraum zwischen den Ballons.

Emma sammelt die Pfeile ein, ich bete innerlich, dass wenigstens der Bräutigam etwas Erfahrung mit Darts hat. Allein die verkrampfte Haltung seiner Hand zeigt, dass dem nicht so ist. Warum, liebe Trauzeugen, habt ihr ausgerechnet diese Kneipensportart ausgesucht, die überhaupt nichts mit dem Brautpaar zu tun hat?

Der erste Wurf des Bräutigams landet auf dem Brett. So weit, so gut. Doch beim nächsten kommt schon eine weitere Überraschung. Tatsächlich *trifft* der Bräutigam einen der Ballons. Leider ist dieser so schlaff, dass der Pfeil abprallt und in Richtung Publikum über den Boden kullert. Ich blicke in die ersten Reihen, wo einige der Gäste bereits wieder miteinander plaudern. Eine junge Frau erhebt sich und geht in Richtung Toilette, entweder aus Fremdscham oder um sich vor weiteren abprallenden Pfeilen in Sicherheit zu bringen.

Es wird immer unruhiger im Raum. Die Nummer zieht sich nun schon über sechs Minuten, noch keiner der zwölf Ballons ist geplatzt. Kurze Kalkulation: Selbst wenn das Brautpaar ab jetzt alle dreißig Sekunden einen Ballon treffen würde und dieser tatsächlich platzte, würde sich dieses Elend im schlimmsten Fall noch weitere sechs Minuten hinschleppen. So wie die beiden werfen, eher länger! Dabei soll eigentlich in fünf Minuten der Hauptgang serviert werden. Das wird knapp, nein, das ist nicht mehr zu schaffen!

Nachdem die Braut zwei weitere Pfeile nicht auf die Platte bringen konnte, einigt sich das Paar darauf, dass nur noch der Bräutigam wirft. Beim sechsten Versuch hat er Erfolg: Einer der Ballons platzt! Einige Gäste schrecken aus dem Halbschlaf hoch. Leider eine Niete, wie man an den durch die Luft schwebenden Konfettis erkennt. Außer Maik lacht niemand. Die rötliche Gesichtsfarbe seiner Frau zeigt, dass zumindest ihr bewusst ist: Die ganze Nummer geht kläglich in die Hose.

Viele zäh dahintröpfelnde Minuten später (ich habe längst aufgehört, die Würfe zu zählen) kommt endlich der erste Volltreffer. Und damit der traurige Höhepunkt dieser Farce. Was bei diesem Treffer passiert, könnte man filmisch am besten mit einer Nahaufnahme in Zeitlupe darstellen.

Der mickrige rote Ballon wird tatsächlich von dem mit der Kraft der Ungeduld geschleuderten Pfeil getroffen. Die Hülle reißt – peng! – und der Inhalt wird herausgeschleudert. Ein winzig klein gerolltes Geldbündel im Wert von 300 Euro fliegt durch die Luft. Zur Seite, weg vom Publikum, zum großen Schrank neben der Tür. Unter diesem Koloss, in dem ein paar Zentner an Geschirr und Besteck verstaut sind, befinden sich nur wenige Zentimeter Luft. Das Geldbündel dreht sich in Zeitlupe um die eigene Achse, kommt kurz vor dem Schrank auf, hüpft leicht, aber nicht hoch genug – und verschwindet in dem finsteren Spalt unter dem massiven Möbel.

Maik will reflexartig die Moneten retten und geht vor dem Schrank auf die Knie. Mein teures Funkmikrofon in seiner Hand knallt auf den Boden. Es donnert aus den Lautsprechern. Oma Gertruds Hörgerät pfeift, ein kleines Kind beginnt zu weinen. Jetzt sind alle wieder wach.

Während Maik nach dem Geldbündel sucht, tut der Bräutigam das einzig Richtige: er geht zur Holzscheibe und sticht nach und nach in jeden der verbliebenen Ballons. Er hält sich so nahe am Brett, dass keines der Bündel wegfliegen kann. Volker sammelt den schließlich doch noch befreiten Geldsegen ein und übergibt ihn der Trauzeugin, weil er verständlicherweise nicht den ganzen Abend lang so viel Bares herumschleppen möchte.

Na bitte, denke ich, warum nicht gleich so? Ein Blick auf die Uhr verrät, dass wir sage und schreibe 20 Minuten durch diese bescheuerte Aktion verloren haben. Ich hoffe, die Küche schafft es nach dieser ungeplanten Verzögerung, den Hauptgang noch warm zu servieren. Und vor allem hoffe ich, dass dem Brautpaar, den Gästen und mir heute weitere unangenehme Überraschungen wie diese erspart bleiben.

Maik hat sich in der Zwischenzeit irgendwoher eine winzige Taschenlampe besorgt und stochert mit einem Besenstiel noch immer unter dem Schrank herum, auf der Suche nach dem verschwundenen Geldbündel.

Hochzeitsspiele gehören verboten

Ich habe schon alle möglichen Varianten von Hochzeitsspielen erlebt. Selten waren sie unterhaltsam oder witzig. Ich finde es eine Frechheit, mit derart fantasielosen und unpersönlichen Spielchen die kostbare Zeit eines einmaligen Festes zu verschwenden. Was all diesen Spielen und Beiträgen abgeht, ist der Bezug zum Brautpaar. Zu Euch.

Was hat das Spiel mit Euch beiden, die Ihr mit Euren Liebsten ein intimes Fest feiern wollt, zu tun? Interessiert Ihr Euch für Bräuche aus dem 19. Jahrhundert?

Habt Ihr jemals in einer antiquierten Kutsche gesessen, in der man Euch mit König und Königin anredete, wie es das »Kutscherspiel« verlangt? Seid Ihr neugierig auf die Waden Eurer Mitmenschen, die Ihr, wie der Name schon sagt, beim Wadenraten erkennen müsst? Findet Ihr, man kann Euch gegen jedes beliebige andere Brautpaar austauschen? Lautet die Antwort »nein«, dann haben solche Spiele auf dem wichtigsten Fest Eures Lebens nichts zu suchen.

Ein leider in ländlichen Gegenden immer noch verbreiteter Brauch muss an dieser Stelle aufgrund seines zerstörerischen Potenzials gesondert erwähnt werden: die »Brautentführung«. Bei dieser abartigen Form des Versteckspiels bringen ein paar Gäste die Braut von der eigenen Feier an einen anderen Ort, beispielsweise in eine Kneipe. Der Bräutigam muss sie suchen und mit irgendeiner Art von Darbietung auslösen. So etwas macht den kompletten Ablaufplan einer Hochzeitsfeier zunichte. Ich habe einen Fall erlebt, in dem als Folge der Brautentführung eine jahrzehntelange Freundschaft zerbrach.

Erst mal hat niemand den Bräutigam darüber informiert, dass man seine Braut verschleppt hatte. Als er es erfuhr, wusste er zunächst nicht, was überhaupt zu tun war. Keiner der »Entführer« war per Handy erreichbar. Schließlich verließ er notgedrungen seine Gäste, die ratlos zurückblieben. Bis er die Braut in einer Dorfspelunke fand, sie mit einem niveaulosen Trinkspiel auslöste und die beiden endlich frustriert zurückkehrten, waren zwei Stunden vergangen. Die Feiergesellschaft hatte sich in der Zwischenzeit gelangweilt, und weil die Küche das Essen so lange warm halten musste, war das Fleisch trocken. Der Eröffnungstanz erfolgte statt um 22 Uhr um Mitternacht, danach kam die Party natürlich nicht mehr in Schwung.

Kurz: Die ganze Aktion war einfach nur Horror und noch dazu völlig überflüssig. Das Brautpaar kündigte den Verantwortlichen fristlos die Freundschaft.

Daran seht Ihr, welch fatale Folgen ein scheinbar harmloser traditioneller Brauch haben kann. Es gibt aber noch eine weitere Kategorie der schlimmen Hochzeitsspiele: die gut gemeinten, aber schlecht durchgeführten Eigenkreationen von Gästen. Ein solches Beispiel geht auf die Kappe von Maik und Emma, die sich die Pleite mit den Dartpfeilen ausgedacht haben. Dabei haben sie folgende Fehler gemacht:

1. Das Spiel hatte nichts mit dem Brautpaar zu tun – anders sähe es aus, wenn Iris und Volker leidenschaftliche Dart-Fans wären.

2. Sie haben das Spiel vorher nicht als Programmpunkt angemeldet. Vielleicht dachten sie, als Trauzeugen hätten sie das nicht nötig – und haben leider den Zeitplan durcheinandergebracht sowie der Küche massive Probleme bereitet.

3. Sie haben ihren Plan nicht gründlich durchdacht: Weder waren ihnen die Risiken bewusst, vor einer großen Gesellschaft, unter denen sich auch Kinder befanden, mit Dartpfeilen zu hantieren. Noch war ihnen klar, dass es für die Gäste wenig unterhaltsam sein würde, bei einem Spiel zusehen zu müssen, bei dem das Gewinnen nur eine Frage der Zeit und Geduld ist.

4. Sie haben das Ganze vorher nicht getestet. Das ist vermutlich der entscheidende Fehler: Beim Ausprobieren hätten sie bemerkt, wie schwer es ist, die Ballons zu tref-

fen. Auch wäre ihnen aufgefallen, dass die schlaffen Ballons nicht bei jedem Treffer platzen und dass die Geldbündel abhanden kommen können.

Solche Rohrkrepierer von der Hochzeitsfeier fernzuhalten ist eine der Aufgaben des so genannten »Zeremonienmeisters«. Im folgenden Kapitel erfahrt Ihr, was genau ein Zeremonienmeister ist und wie er oder sie Euch bei der Umsetzung Eurer Vorstellungen maßgeblich unterstützen kann.

Die 5 schrecklichsten Hochzeitsspiele:

- Brautentführung

- Tombola mit Spaßgeschenken für alle Gäste
  (z. B. Candlelight-Dinner für zwei: eine Kerze)

- Kutscherspiel

- Übereinstimmungsspiel (mit spannenden Fragen wie
  »Wer von Euch kann besser einparken?«)

- Wadenraten

Sünde 12: Fehlendes Vertrauen

Eure Hochzeit planen andere

Wenn Ihr Euch über Eure grundsätzlichen Vorstellungen von dem Fest klar geworden seid, bestimmt Ihr den oder die Zeremonienmeister (es können auch zwei sein). Das sind neben Euch als Gastgeber die wichtigsten Personen für das Gelingen der Feier. Denn sie sind dafür verantwortlich, dass Eure Wünsche auch tatsächlich umgesetzt werden. Das fängt schon weit vor der Feier an, wo sie etwaige Beiträge von Gästen koordinieren. Bei dem Fest sorgen sie dafür, dass der Zeitplan auch wirklich eingehalten wird.

Die Zeremonienmeister müssen nicht unbedingt Eure Trauzeugen sein! Meistens sind das ja die engsten Freunde, und die stehen Euch zwar besonders nahe, haben aber vielleicht nicht das nötige Organisationstalent. Wohin das führen kann, haben wir eben im Beispiel an Maik und Emma gesehen. Die beiden waren sicherlich die Falschen für den Job als Zeremonienmeister.

Federführend sollte ein gut organisierter Mensch sein, dem Ihr hundertprozentig vertraut und der wirklich zuverlässig ist. Der sich freut, Euch beide zu unterstützen – und der vor dem Fest auch genug Zeit dafür hat. Es macht beispielsweise wenig Sinn, eine Hochschwangere, einen gestressten Doktoranden oder eine beruflich stark eingespannte Freundin darum zu bitten.

Besprecht mit dem Zeremonienmeister ganz genau, was Ihr Euch für Euer Fest wünscht und was nicht. Denn seine Aufgabe ist zu steuern, was auf der Feier an Überraschungen seitens der Gäste passieren darf und soll. Ein Zeremonienmeister muss also kommunikativ und durchsetzungsfähig sein, denn unter Umständen muss er eigentlich gut gemeinte Vorschläge von Gästen ablehnen und klar nein sagen.

Natürlich sollt Ihr vorher nicht wissen, ob und welche Beiträge von Gästen geplant werden, denn das ist als Überraschung gedacht. Damit aber keine unangenehmen Partykiller Euer Fest sprengen, müssen die Vorschläge Eurer Gäste sorgfältig gewählt und in einem strukturierten Rahmen platziert werden. Vermeidet auf jeden Fall Chaos!

Das erreicht Ihr dadurch, dass Ihr den Zeremonienmeister samt Kontaktdaten auf der Einladung angebt. Das ist die perfekte Gelegenheit, um klipp und klar hirnlose Hochzeitsspiele zu verbieten. Dort kann etwas in der Art stehen:

Wir bitten Euch zu beherzigen, dass wir auf unserer Feier keinerlei Hochzeitspiele wünschen! Falls Ihr dennoch unbedingt einen originellen Beitrag beisteuern wollt, wendet Euch bitte unbedingt bis zum (Datum ein Monat vor der Feier) an:

Name des Zeremonienmeisters
Telefonnummer
E-Mail-Adresse

Es können auch zwei Zeremonienmeister angegeben werden. Je nachdem, wie Ihr Eure Gäste einschätzt, kann der Text etwas bissiger, humoristischer oder auch todernst formuliert sein. Meistens ist damit schon mal der erste Ansturm unerwünschter Beiträge abgewehrt, noch ehe die Leute überhaupt auf dumme Gedanken kommen.

Der Zeremonienmeister sollte rechtzeitig vor dem Fest den beteiligten Dienstleistern wie DJ, Fotograf und Gastronomie einen Ablaufplan zukommen lassen, der auch alle »Überraschungen« verzeichnet und zeitlich eingrenzt, von denen Ihr als Brautpaar nichts ahnen sollt.

Die 5 wichtigsten Eigenschaften eines Zeremonienmeisters:

- Zuverlässigkeit

- Organisationstalent

- Kommunikationsvermögen

- Durchsetzungsfähigkeit

- Freude an seiner Aufgabe

Sünde 13: Anspruchslosigkeit

Babykram

Ohne Hut sieht Tante Inges Frisur aus wie der Helm von Darth Vader in blond. Die dicke Mähne ist mit Unmengen von Haarspray bombenfest in Form gekleistert. Von den Haaren des armen Bräutigams Raoul sieht man dagegen überhaupt nichts mehr. Tante Inge hat ihm nämlich soeben eine gestrickte Babyhaube in Hellblau übergestülpt. Sie bindet ein Schleifchen unter Raouls Kinn und nur noch sein gerötetes Gesicht bleibt frei. Wo um alles in der Welt bekommt man so eine irre Mütze in Erwachsenengröße her? Hat Tante Inge das Ding womöglich eigenhändig gehäkelt, extra für diesen Anschlag auf die Menschenwürde des Gastgebers?

Onkel Norbert wirft ein weißes Bettlaken über die Schultern des Bräutigams, der wehrlos vor allen Gästen auf einem Stuhl sitzt. Er weiß wohl gar nicht recht, wie ihm geschieht. Dafür ist er eindeutig zu blau – und damit meine ich nicht die Farbe der Mütze. Sekt zum Empfang, Weißwein zur Vorspeise, Rotwein zum Hauptgericht und Schnaps zum Verdauen bilden eine heftige Mischung. Dazu noch das ein oder andere Bierchen gegen den Durst. Mittlerweile ist es halb zehn Uhr abends, und der gute Raoul hat mächtig einen sitzen.

Im Moment gönne ich ihm diese Art von Narkose. So kriegt er wenigstens nicht mit, wie bescheuert er gerade aussieht. Das weiße Laken verhüllt seinen gesamten Körper bis auf den Kopf, unter dem ein hellblauer Babystrampelanzug befestigt ist. Es sieht nun so aus, als gehöre Raouls Gesicht zu dem ausgestopften Kleinkindbody.

Die aus den Ärmelchen herauslugenden Hände sind die seiner Frau Norma, die hinter seinem Stuhl unter dem Laken kauern muss. Wenn sie die Hände für ihren Baby-Mann bewegt, sieht das natürlich besonders unbeholfen aus. Onkel Norbert bleibt hinter den beiden stehen, als könnte er ihnen dadurch irgendwie helfen. Aber vielleicht passt er auch nur auf, dass seine Opfer nicht die Flucht ergreifen.

Ihr könnt Euch nicht vorstellen, wie elend ich mich in solchen Momenten fühle. Dass erwachsene Menschen so etwas tun und die Gastgeber eines 20 000-Euro-Festes dermaßen blamieren, das nimmt mich wirklich mit. Schließlich habe ich beim Vorgespräch mit dem Brautpaar ein vertrauliches Verhältnis aufgebaut. Sie haben mir mit der Musikauswahl die Verantwortung für einen wichtigen Teil ihrer Feier übertragen. Die beiden haben sich jedes Detail des Festes ganz genau überlegt, haben es liebevoll geplant und sogar einen Kleinkredit aufgenommen, um sich alles nach ihren Vorstellungen leisten zu können. Über ein Jahr lang haben sie auf diesen großen Tag hingefiebert. Und dann so etwas!

Tante Inges schmale Lesebrille hängt so weit vorne auf ihrer Nasenspitze, dass sie eigentlich durch bloßes Atmen runterfallen müsste. Mit viel zu leiser Stimme fängt sie an, von einem Zettel abzulesen. Sie hat von mir kein Funkmikrofon verlangt und auch gar nicht erst mit mir gesprochen. Vielleicht hatte sie Angst, dass ich ihr wieder einen Strich durch die Rechnung machen könnte, wie vorhin beim Sägen. Ohne Mikro versteht man sie kaum, aber das ist wohl auch besser so. Der Aufhänger für diese idiotische Darbietung ist ein Bericht über das Kind im Manne. Das Niveau liegt so weit unter null, dass ich innerlich fröstele.

Aber es wird noch schlimmer! Die Braut soll nun den Bräutigam blind von hinten füttern. Tante Inge drückt ihr ein Glas mit Babybrei und einen großen Plastiklöffel in die tastenden Hände. Einige Leute knien sich mit gezückten Handys im Halbkreis um die Gruppe, um den Blödsinn zu filmen. Es gibt zwar ein paar schadenfrohe Gesichter und auch einige wenige Lacher. Was ich aber bei den meisten Gästen im Saal sehe, ist verständnisloses Kopfschütteln. Das scheinen überwiegend Menschen zu sein, denen die Gastgeber wirklich etwas bedeuten.

Natürlich landet die erste Portion Brei erst mal überall in Raouls Gesicht, nur nicht im Mund. Als der zweite gut gefüllte Löffel endlich zwischen den Lippen ankommt, verzieht er angewidert die Mundwinkel. So richtig lecker scheint der Fraß nicht zu sein. Trotzdem schluckt er tapfer runter. Ich drücke die Daumen, dass es damit überstanden ist.

Weit gefehlt. Tante Inge liest weiter und bückt sich links neben Raoul nieder, wo eine große Pappkiste steht. Dort holt sie als Nächstes eine Packung Schokoküsse heraus. Sind die dick, Mann! Zum Glück hat Norma nun den Dreh raus und trifft diesmal Raouls Mund auf Anhieb. Aber so einen Riesen-Schokokuss am Stück zu verdrücken, ist sicher nicht angenehm. Raoul kaut und kaut. Er schluckt den süßen Schaum mit einem Mal weg. Tante Inge hat sich schon wieder gebückt und will aus ihrer Terror-Kiste gerade die nächste Grausamkeit ziehen, als an ihrer Seite ein bedrohliches Geräusch ertönt. Tief aus Raouls Eingeweiden kommt erst ein Blubbern, dann ein dumpfes Knurren.

Der Bräutigam dreht sich erschrocken vom Publikum weg – denn er kann das Mühlwerk, das sich in Gang gesetzt hat, nicht mehr aufhalten. Aus seinem Mund spritzt ein druckvoller Strahl nach links in den Raum. Damit hat sich der größte Teil des Vier-Gänge-Menüs aus seinem Magen verabschiedet. Die schadenfreudigen Handyfilmer, die das Geschehen aus nächster Nähe mitbekommen, springen mit einem entsetzten Aufschrei zur Seite. Für die gebückte Tante Inge kommt jede Hilfe zu spät. Ihre rechte Schulter und ihre Darth-Vader-Haube bekommen einen ordentlichen Schwall ab.

So leid mir der Bräutigam auch tut, und so schlimm diese Schweinerei ist, ich kann ein befreiendes Lachen nicht unterdrücken. Am liebsten möchte ich laut rufen: Gut gemacht, Raoul! Tante Inge richtet sich ganz langsam auf. Sie ist kreidebleich und hat einen ungläubigen Gesichtsausdruck. Das ist das Letzte, was ich von ihr sehe, ehe ein kleiner Tumult ausbricht. Rundum springen die Gäste auf. Helfende Hände von allen Seiten befreien das Brautpaar von dem beschmutzten Bettlaken.

Ich bin wirklich kein gehässiger Mensch, doch ich muss leider gestehen: Tante Inge hat genau das bekommen, was sie verdient hat. Denn ihr netter kleiner Beitrag war einfach nur zum Kotzen!

Für Euch nur das beste Entertainment!

Ich weiß nicht, wie viel tausend Vorträge ich auf Hochzeitsfeiern miterlebt habe. Jedenfalls war der überwiegende Teil davon leider grottenschlecht. Mindestens 90 Prozent aller Beiträge hätten der Menschheit wirklich erspart bleiben können.

Die wenigsten Leute sind nun mal geborene Entertainer. Aber sobald jemand im Familien- oder Freundeskreis heiratet, meint plötzlich jeder, er könnte mal eben eine bühnenreife Vorstellung abliefern. Meistens wird dafür eine unoriginelle Vorlage aus dem Internet heruntergeladen. Oder man kopiert einfach eine Darbietung von einer anderen Feier. Das Ganze wird dann ohne Gefühl für Timing und ohne Rücksicht auf Verluste stümperhaft abgespult. Autsch!

Ich finde, Ihr als Gastgeber eines einmaligen Festes habt wirklich nur die beste Unterhaltung verdient. Großartig sind persönliche Beiträge, die individuell auf Euch eingehen. Die gefühlvoll oder witzig sind, im Idealfall beides. Ein unterhaltsamer Hochzeitsfilm mit Kinderfotos, eine ergreifende Rede, eine emotionale Gesangseinlage: All das kann wirklich toll sein, wenn es ehrlich von Herzen kommt.

Es ist die Aufgabe des Zeremonienmeisters, möglichst diese magischen zehn Prozent an guten Beiträgen im Vorfeld herauszufiltern und den peinlichen Rest knallhart abzulehnen. Ich weiß, nein zu sagen kann schwerfallen. Aber es muss sein. Es kann beispielsweise mit dem Hinweis erfolgen, dass Ihr diese Art von Beiträgen definitiv nicht wünscht. Oder in hartnäckigen Fällen auch mit der kleinen Notlüge, dass das Tagesprogramm leider schon zu voll sei.

Wie auch immer Euer Zeremonienmeister das anstellt: Lieber nur eine einzige richtig gute Darbietung als zehn schlechte. Ein Gefühl dafür kann Euer Verbündeter dadurch bekommen, dass er ausführlich mit den Leuten spricht, die einen Vortrag bei ihm anmelden. Da er auf der Einladung angegeben ist, werden ihn die Vortragswilligen kontaktieren. Am besten sollte er mit ganz direkten Fragen herauskitzeln, worum es geht:

Was genau soll passieren?

Dauert das auch wirklich nicht länger als fünf bis sieben Minuten?

Ist das ein typischer Hochzeitsbeitrag, der genau so schon auf tausend anderen Hochzeiten stattgefunden hat?

Was hat das mit dem Brautpaar zu tun?

Warum sollte das dem Brautpaar und den Gästen gefallen?

Kommen darauf nur zögerliche oder unbefriedigende Antworten, darf der Beitrag zum Wohle aller getrost abgelehnt werden. Bloß keine falsche Bescheidenheit! Die Grundbedingung lautet in jedem Fall: Jeder Vortrag muss speziell für Euch entwickelt sein. Akzeptiert keine lieblosen Fertigtexte, wo lediglich Euer Name eingesetzt wird. Das ist unter Eurem Niveau. Und wenn es ein humoristischer Beitrag ist, sollte er Eurem Sinn für Humor entsprechen. Nicht so wie im Beispiel eben, wo der Bräutigam von Tante Inge bis zum Erbrechen gepeinigt wurde.

Die auf der Einladung vermerkte Deadline für die Anmeldung von Beiträgen schützt Euch vor unausgereiften Aktionen in letzter Minute. Vier Wochen vor dem Fest müssen dem Zeremonienmeister alle Aktionen bekannt sein, und dabei bleibt es dann auch.

Wenn aber dennoch ein übereifriger Gast am Tag der Feier mit einer Spontanaktion anrückt, wird der Zeremonienmeister das mit dem Hinweis auf die Anmeldefrist unterbinden. Dabei sollte er sich auf keinerlei Diskussion einlassen. Eure Gäste hatten monatelang Zeit, etwas für das Fest vorzubereiten. Wer auf den letzten Drücker kommt, hat seine Chance eindeutig verpasst. Ich habe noch nie erlebt, dass eine dieser »Last-Minute-Aktionen« Spaß gebracht hat. Sie stellten sich meistens als unerfreuliche Überraschungen heraus, die den gut geplanten Ablauf einer Feier völlig durcheinandergebracht haben.

Damit Euch ganz sicher niemand ungefragt dazwischenfunkt, könnt Ihr das bei Eurer Begrüßungsrede zum Empfang der Gäste vorgeben: Wer heute spontan einen Vortrag bringen will, möge sich bitte unbedingt mit dem Zeremonienmeister absprechen! Dann wird Euer Verbündeter alles abfangen, und Ihr braucht Euch keine Sorgen mehr zu machen.

Die 5 dämlichsten Standardbeiträge, die wir bitte nie wieder sehen wollen:

- Bräutigam füttern

- Jeder beliebige Sketch oder Scherzvortrag aus dem Internet

- Gruppe von Männern im Bademantel, die zu dem Schlager »Die Glocken von Rom« Bratpfannen im Schritt entblößen und mit Kochlöffeln darauf schlagen

- Karaoke mit Socken als Handpuppen

- Versteigerung des Strumpfbandes der Braut und sonstiger sexistischer Nonsens

Sünde 14: Überforderung

It's Showtime

Ulrike und René werden von der Trauzeugin Elena an das Kopfende des Saals geführt. Dort stehen zwei Stühle wie Throne auf einer kleinen Bühne. Das adrette Brautpaar schaut etwas unbehaglich drein. Eigentlich sollte bald der Eröffnungstanz folgen, und sie hatten sicher nicht damit gerechnet, dass jetzt noch ein Beitrag kommen würde. Aber ihre Sorge ist unbegründet. Es ist einer der wenigen Momente, wo ich mich auf eine solche Hochzeitsdarbietung wirklich freue. Denn was hier gleich passieren wird, ist gut vorbereitet und wirklich eine schöne Idee.

Alle Gäste im Saal erheben sich und positionieren sich auf der großen Tanzfläche vor dem Brautpaar. Elena steht vor ihnen und gibt mir ein Zeichen. Ich feuere den Discokracher *Le Freak* von der Band Chic ab. Synchron setzt sich die Meute in Bewegung und legt eine Performance für ihre Gastgeber hin, die sich wirklich sehen lassen kann. Elena gibt die Bewegungen vor und alle machen mit, auch Oma und Opa.

Ich spüre, wie mir eine Gänsehaut wohlig den Nacken hinaufkriecht. Das ist ein toller Moment! Erst mal ist die Wirkung auf das Brautpaar gewaltig, die beiden können ihr Glück kaum fassen. Aber auch alle Gäste haben sichtlich Spaß daran. Dadurch, dass alle gemeinsam etwas darbieten, ist sofort eine wahnsinnige Energie im Raum. Die folgende Party kann einfach nur noch der Oberkracher werden. Ich freue mich darauf, dieser Gesellschaft später musikalisch richtig einzuheizen.

Als die Show vorbei ist und alle sich unter Jubel und Applaus gemeinsam über den Erfolg freuen, gehe ich zu Elena und danke ihr für ihren super Job als Zeremonienmeisterin. Sie hat das Ganze vorab per Telefon und E-Mail organisiert. Geübt wurde rechtzeitig vor dem Eintreffen des Brautpaars im Saal, die Musik war schon seit Wochen mit mir als DJ abgesprochen. Es gab im Lauf des Abends zwei ergreifende Reden, nun diese tolle Einlage, und das war auch schon alles an Rahmenprogramm. Ab jetzt steht die Party im Mittelpunkt, und dafür sind die Gäste so richtig schön vorgewärmt. Von so viel vorbildlicher Planung und positiver Power könnten sich viele andere Hochzeiten wirklich eine Scheibe abschneiden!

Give me five – aber nicht mehr!

Die große Kunst eines gelungenen Festes besteht darin, sowohl Langeweile als auch Stress zu vermeiden. Langeweile entsteht durch Leerlauf ohne Informationen, was als Nächstes passieren soll. Das kennt Ihr bestimmt auch von so mancher Feier: Alle stehen oder sitzen für einen längeren Zeitraum ratlos in der Gegend herum, und keiner weiß, was los ist. Wie so etwas zu einem Massenbesäufnis ausarten kann, habe ich bereits weiter oben beschrieben.

Stress dagegen entsteht durch ein mit Beiträgen überfrachtetes Programm, das eigentlich jedem nur auf die

Nerven geht. Gerade hat man ein interessantes Gespräch mit dem Tischnachbarn angefangen, und schon wieder kommt eine Rede oder ein pseudowitziger Beitrag.

Zur Erinnerung: Diese Gruppe Menschen kommt auf Eurer Feier wahrscheinlich zum ersten Mal zusammen. Eure Gäste wollen sich untereinander besser kennenlernen und unterhalten, ohne ständig durch Beiträge davon abgehalten zu werden. Überfordert sie also bitte nicht mit zu viel Rahmenprogramm. Sonst entsteht eine miese Stimmung, die man letztlich Euch als Gastgebern übel nimmt – obwohl Ihr gar nichts für die einzelnen Beiträge könnt.

Die Anzahl und der zeitliche Umfang der Beiträge müssen daher vom Zeremonienmeister reguliert werden. Erfahrungsgemäß gilt, dass drei Reden und maximal zwei weitere konzertante Beiträge möglich sind. Damit sind Vorträge gemeint, bei denen alle Gäste still sein müssen, da sie zuhören sollen. Am besten kommen die Reden zuerst, da sie die höchste Aufmerksamkeit erfordern.

Alle Darbietungen sollten auf maximal sieben Minuten begrenzt werden, denn die Aufmerksamkeitsspanne einer bunt gemischten Gästeschar ist äußerst gering. Länger kann kaum jemand am Stück folgen, schon gar nicht bei Wein und Bier. Diese Beiträge sollten bereits am frühen Abend kommen, solange die Leute noch aufnahmefähig sind.

Das Ganze muss auch mit dem Gastwirt oder dem Service-Chef des Lokals abgestimmt werden. Denn damit alle Gäste ihr Essen möglichst gleichzeitig und warm auf den Teller bekommen, ist die Küche auf exakte Zeitfenster angewiesen. Vor allem bei einem gesetzten Menü ist das wichtig. Dabei können die Beiträge nur zwischen den einzelnen Gängen platziert werden und dürfen wirklich nicht länger als geplant dauern.

Im Verlauf des Abends können darüber hinaus gern vereinzelte Aktionen dazukommen, die am Rande laufen und nur kurz angesagt werden. Also Beiträge, bei denen nicht alle Gäste länger zuhören müssen – beispielsweise die Aufforderung für Einträge ins Hochzeitsbuch, Projektion von Fotos ohne Moderation und Ähnliches.

Gegebenenfalls können später auch noch ein bis zwei wirklich unterhaltsame Partydarbietungen wie Karaoke- oder Tanzeinlagen eingestreut werden. Beiträge mit Musik sind nicht so anstrengend für die Gäste wie Reden. Solche kleinen Showeinlagen sollten aber jeweils nicht länger als fünf Minuten dauern. Es ist die Aufgabe des Zeremonienmeisters, dafür zu sorgen, dass alle Beiträge auch wirklich zum geplanten Zeitpunkt durchgeführt werden.

Für den Erfolg aller hier aufgezählten Vorträge ist nicht nur der richtige Moment wichtig, sondern auch, dass sie direkt nach der Ansage umgesetzt werden. Leider passiert es sehr oft, dass beispielsweise mit viel Tamtam ein Videobeamer aufgebaut wird, dann aber erst mal für eine halbe Stunde nichts passiert.[8] Oder dass ein Redner aufsteht und minutenlang auf die Rückkehr einzelner Gäste wartet, ehe er loslegt. Das erzeugt eine extrem unangenehme Atmosphäre. Jeder Gast ist natürlich neugierig, was da gleich kommen mag, und dafür werden viele Gespräche unterbrochen. Geschieht lange Zeit gar nichts,

---

[8] Videobeamer sind ohnehin ein leidiges Thema. Zu selten werden mitgebrachte Computer und Projektoren vorab im Zusammenspiel getestet. Wenn es dann losgehen soll, wird häufig der Rechner nicht vom Beamer erkannt, und die Panik bei den Vortragenden ist groß. Dieser unnötige Stress sollte durch einen Testaufbau rechtzeitig vor dem Beginn der Feier vermieden werden. Falls eine Tonwiedergabe gewünscht ist, sollte der DJ in der Woche vor der Feier kontaktiert werden, um den Anschluss an seine Musikanlage zu besprechen.

schlägt die Neugier leicht in Ungeduld und Gereiztheit um. Wenn es dann endlich losgeht, findet der Beitrag nur noch schwer die Aufmerksamkeit des Publikums.

Was der Zeremonienmeister also allen Vortragenden klarmachen sollte, ist, dass sie zum abgesprochenen Zeitpunkt bitte direkt loslegen. Bei einer Feier mit vielen Gästen fehlt sowieso immer irgendwer. Der ein oder andere ist vielleicht auf Toilette, beim Rauchen oder draußen an der frischen Luft. Einen Zeitpunkt zu erwischen, wenn alle brav am Platz sitzen, ist nahezu unmöglich. Das reguliert sich aber von selbst: Beginnt eine Rede, kommen die Fehlenden schon noch dazu. Und selbst wenn Einzelne sie verpassen, ist das immer noch besser, als der ganzen Gruppe über einen längeren Zeitraum unangebrachte Aufmerksamkeit abzuverlangen. Hauptsache, Ihr als Gastgeber seid anwesend.

Ganz wichtig: Sobald die Tanzfläche für alle Gäste eröffnet ist, darf die Feier nicht mehr durch Beiträge, gleich welcher Art, unterbrochen werden. Wenn Ihr einen guten DJ habt, wird er einen mitreißenden Spannungsbogen aufbauen. Er zieht sich durch die ganze Nacht wie ein roter Faden und mobilisiert sämtliche Generationen besser als tausend Worte.

Eine entfesselte Party immer wieder durch Beiträge zu unterbrechen ist einfach nur ermüdend für alle Gäste. Denn ab dem Moment, wo sie auf der Tanzfläche oder an der Bar mitfeiern, haben sie den Zuschauerraum verlassen und stehen selber auf der Bühne. Niemand will sich dann noch mal zurücknehmen und wieder zum passiven Betrachter irgendeiner Darbietung werden, egal wie gut sie ist.

Die optimale Reihenfolge der 5 wichtigsten Rahmenprogrammpunkte:

1 Reden (bis zu drei à 5 bis 7 Minuten, vor und während des Essens)

2 Konzertante Vorträge, bei denen alle still sein sollen und zuhören müssen, beispielsweise moderierter Diavortrag oder Film (bis zu zwei à 5 bis 7 Minuten, während oder kurz nach dem Essen)

3 Aktionen, die am Rande laufen, beispielsweise Gästebuch, Ausfüllen von Postkarten usw. (bis zu zwei à 1 bis 2 Minuten Ansagedauer, während oder nach dem Essen)

4 Unterhaltsame Show-Einlagen mit Musik wie Karaoke oder Tanzdarbietung (bis zu zwei à 4 bis 5 Minuten, nach dem Essen und vor der Eröffnung der Tanzfläche)

5 Party mit Tanz für alle Gäste ohne weitere Unterbrechungen (spätestens ab 22.30 Uhr)

Anmerkung: Wenn alle in der Übersicht genannten Programmpunkte straff durchgezogen werden, kommen wir schon leicht auf 45 Minuten Rahmenprogramm. Das ist das absolute Maximum. Je weniger Beiträge, desto mitreißender entwickelt die Feier ein Eigenleben.

Sünde 15: Hochzeitszeitung

Ein Festsaal ist kein Lesesaal

In fast jedem Hochzeitsratgeber gibt es ein umfangreiches Kapitel zum Thema Hochzeitszeitung. Es existieren sogar eigene Bücher extra zu diesem Thema. Den wohl wichtigsten Hinweis dazu habe ich allerdings noch nirgendwo gelesen. Nämlich dass diese Zeitung bitte nicht abends während der Party verteilt wird!

Viel zu oft kam es vor, dass ich bei toller Stimmung im Saal per Durchsage die Verteilung einer Hochzeitszeitung ankündigen musste. Ich verstehe die Hobbyredakteure durchaus. Sie haben viel Zeit und Arbeit in das Projekt gesteckt. Nun möchten sie auch erleben, wie es bei den Gästen ankommt. Man will Anerkennung für das Geleistete.

Allerdings bedeutet es für die Party automatisch eine Bruchlandung. Denn natürlich ist jeder neugierig und will gleich in seinem Exemplar schmökern. Oft wird dann verlangt, das Licht im Saal aufzuhellen, und der DJ soll am besten auch noch die Musik leise machen. Dann sitzen plötzlich alle Leute schweigend auf ihren Plätzen und lesen.

Diese Unterbrechung nimmt der Feier nicht nur auf einen Schlag jeglichen Schwung, sie stoppt auch jedes angeregte Gespräch an den Tischen. Das ist ein großes Opfer im Anbetracht der Tatsache, dass die Zeitung genauso gut später in Ruhe zu Hause durchgeblättert werden kann.

Wenn Euer Zeremonienmeister vorab über eine solche Zeitung informiert ist, sollte er für die Verteilung in einem passenden Moment sorgen. Das kann beispielsweise am Nachmittag bei Kaffee und Kuchen sein. Auch kann eine Ausgabe der Zeitung in den Hotelzimmern Eurer Gäste liegen. Oder die Hefte können gut sichtbar beim Ausgang gestapelt werden, so dass die Gäste ein Exemplar zum Abschied mitnehmen können.

Eventuell könnt Ihr das mit kleinen Präsenten von Euch an die Gäste kombinieren. Vielleicht habt Ihr ja ohnehin geplant, dass jeder Gast ein Päckchen Pralinen oder Ähnliches erhält. Schön ist auch eine selbst gebrannte und individuell beschriftete CD mit Euren Lieblingsliedern, die alle Gäste später immer an Eure Hochzeit erinnern wird. Eure Freunde werden sich über jedes noch so kleine Präsent freuen, das persönlich mit ihrem Namen versehen ist. Und am Tag danach haben dann auch wirklich alle genug Zeit, genüsslich die Zeitung zu lesen und sich an ein einzigartiges Fest zu erinnern.

Teil 4

Die Musik, der Motor der Feier

Sünde 16: Unpassende Klänge

Massenflucht vor DJ Ulli

Die Stimmung auf dem kleinen Landgut tief in der Lüneburger Heide ist bombastisch. Die Trauzeremonie hatte heute Nachmittag unter freiem Himmel stattgefunden, und die gesamte Hochzeitsfeier hat das Flair eines Sommerfestes auf dem Lande. Für die angereisten Stadtmenschen ist es wie ein Kurzurlaub, so dass alle entsprechend gut gelaunt sind. Traumhaftes Sommerwetter hat den Tag in Wärme und Licht getaucht, das nun in der Nacht aus randvollen Biergläsern weiter zu leuchten scheint.

Die ausgelassenen Gäste tanzen in einer ausgebauten Scheune, die auf geschmackvolle Weise zum Festsaal umfunktioniert wurde. Gleich beim Eröffnungstanz war der Funke sofort übergesprungen, und alles, was ich nun zu tun habe, ist, ihn am Glühen zu halten. Absolute Traumbedingungen also für mich als DJ.

Irgendwann nach Mitternacht entdecke ich plötzlich drei Männer an der Theke, die offensichtlich neu dazugestoßen sind. Sonst hätte ich sie garantiert vorher schon bemerkt, denn sie tragen tatsächlich bayrische *Lederhosen*! Und das hier, mitten im norddeutschen Flachland. Selbst eine Gruppe Taucher in Neoprenanzügen mit Flossen und Schnorchel hätte hier nicht mehr auffallen können als diese Jungs. Wo kommen sie bloß auf einmal her?

Bald gesellen sich auch einige junge Frauen zu ihnen, die mir ebenfalls unbekannt vorkommen. Ich beobachte, wie die kleine Gruppe sich mit dem Brautpaar unterhält. Es scheint alles okay zu sein. Zu dem unwiderstehlichen Basslauf von Michael Jacksons *Billie Jean* bewegt sich die Lederhosenfraktion schließlich in Richtung Tanzfläche und wird von der Menge verschluckt. Ab und zu sehe ich, wie einer von ihnen mit leeren Gläsern die Scheune verlässt und mit vollen wieder zurückkommt. Eigenartig, warum gehen sie nicht einfach zur Theke?

Später kommt der Bräutigam Steve zu mir auf die Bühne und klärt mich über die neuen Gäste auf. »Parallel zu unserer Feier findet drüben im Hauptgebäude noch eine zweite Hochzeitsfeier statt. Der DJ da ist wohl so schrecklich, dass einige Gäste gefragt haben, ob sie hier mittanzen dürfen.«

Ich bin überrascht. »Ehrlich? Und Ihr habt nichts dagegen?«

Steve lächelt. »Nein, die sind echt nett. Solange sie ihre Getränke drüben holen und nicht auf unsere Kosten saufen, soll es uns recht sein. Außerdem haben wir darum gebeten, dass sie es auf der anderen Feier nicht an die große Glocke hängen. Wir wollen hier ja schließlich keinen Volksauflauf.«

Okay, denke ich, kein Problem. Genug Platz haben wir, und je mehr Party People, desto besser. Bloß wundere ich mich darüber, was denn das für eine Flachpfeife von DJ da drüben sein muss. Was macht der bloß? Er hat Männer mit Lederhosen im Publikum und schafft es nicht, mit derart fröhlichen Gesellen eine Party zu feiern? Ich sehe doch mit eigenen Augen, wie sie hier zu *Mr Brightside* von

The Killers die Luftgitarre auspacken und mächtig Stimmung machen.

Als die heiße Nacht voranschreitet und die entfesselte Meute zu der Live-Version von Peter Allens *I Go To Rio* unter einem Besenstil hindurch Limbo tanzt, gebe ich meiner Neugier nach. Dieser Titel gibt mir über sechs Minuten Zeit. Für gewöhnlich nutze ich solche genialen Ausnahmesongs, zu denen jedes Publikum garantiert länger als fünf Minuten am Stück durchtanzt, um mal schnell aufs Klo zu gehen. Diesmal verschafft es mir die Gelegenheit, kurz zum Hauptgebäude rüberzuhuschen.

Was ich dort im Festsaal sehe, ist niederschmetternd. Überall verlassene Tische, nur eine kleine Traube von Betrunkenen hält sich hartnäckig an der Bar fest. Im Angesicht einer leeren Tanzfläche steht hinter einem ebenso großen wie preiswerten Mischpult eine traurige Gestalt. Seinen Namen entnehme ich dem riesigen schwarzen Banner mit gelber Aufschrift, das vor ihm am Tisch hängt: *DJ Ulli on Tour.*

Darunter zwei Telefonnummern, eine fürs Festnetz und eine fürs Handy. Klar, als gefragter Künstler muss man immer erreichbar sein. Dieser Star-DJ ist Mitte 40 und trägt ein blaues Glitzerjackett mit Schulterpolstern, wie sie eigentlich seit den 80er Jahren nicht mehr hergestellt werden. Über seinem gewaltigen Bauch wölbt sich eine Krawatte mit dem Aufdruck einer Klaviertastatur. In der einen Hand hält er ein Mikrofon, in der anderen ein halb volles Weizenbierglas. Aus den harsch klingenden Billiglautsprechern dröhnt das Stimmungslied *Sie liebt den DJ* von Michael Wendler. Habe ich das jemals zuvor auf einer Hochzeit gehört? Oder gar selbst gespielt? Nein, unmöglich. Diesen peinlichen Song würde ich nicht mal mit einer Kneifzange anfassen, selbst wenn man mich mit vorgehaltener Pistole dazu zwingen wollte.

Lange muss ich diese musikalische Zumutung nicht ertragen. Wo jeder handwerklich geschickt arbeitende DJ einen stimmigen Übergang machen würde, zieht Ulli einfach den Regler runter und lallt angetrunken ins Mikrofon: »So, Leute, jetzt kommt ein Hit von dem, der mit dem *Ädäms*-Apfel singt!« Danach folgt ein abrupter Wechsel auf *Summer of 69* von Bryan Adams. Meine Güte, das ist wirklich Humor in seiner reinsten Form!

Zugegeben, der Song ist gut und kommt eigentlich auch immer super an. Aber jetzt gerade wirkt er so fremd, als würde man beim Zappen im TV nach einer Doku-Soap wie *Bauer sucht Frau* plötzlich auf einen Beitrag über den Philosophen Friedrich Nietzsche stoßen. An der Bar scheint das allerdings keinen zu interessieren, die sind sowieso längst alle im Delirium.

Was ich hier innerhalb einer einzigen Minute gesehen und gehört habe, reicht mir völlig. Mit einem letzten Blick durch den Raum suche ich vergeblich nach den armen Brautleuten. Wahrscheinlich haben sie und die meisten Gäste sich schon auf ihre Zimmer geflüchtet. Bis auf die paar Hartgesottenen an der Bar und natürlich die kleine Gruppe, die auf unserer Feier drüben mittanzt.

Schnell eile ich zurück zur Scheune und schlängele mich erleichtert durch die Menge zu meinem DJ-Pult. Was für ein schönes Gefühl, wieder auf einer richtig geilen Party zu sein! Ich glaube, jetzt ist es an der Zeit für *Don't Stop Me Now* von Queen.

Der DJ, Euer leitender Angestellter

Versteht mich bitte nicht falsch. Ich sage das nicht, weil ich selbst DJ bin. Aber vielen Brautpaaren ist es leider nicht bewusst, so dass ich es hier in aller Deutlichkeit aussprechen muss: Der DJ ist der wichtigste Dienstleister auf jeder Hochzeitsfeier!

Die Musikauswahl ist entscheidend für die Laune der Brautleute, der Gäste und auch des Servicepersonals.

Sie beeinflusst die Stimmung aller Anwesenden maßgeblich, ob sie es wollen oder nicht.

Die Arbeit des DJs ist daher für das Gelingen des Festes viel bedeutender als das Essen und die Location. Mit einem wirklich guten Vertreter der Zunft könnt Ihr nämlich überall eine tolle Feier erleben, mit einem schlechten allerdings an keinem Ort der Welt. Das hat uns DJ Ulli eindrucksvoll bewiesen: Dasselbe idyllische Landgut, dieselbe Küche, das gleiche tolle Wetter – und trotzdem hat er es geschafft, die Party leer zu fegen wie eine Atombombe.

Immer wenn ich an dieses Erlebnis denke, stelle ich mir ein Foto auf der Titelseite der *Landeszeitung für die Lüneburger Heide* vor. Darauf ist ein Bild von diesem Kerl zu sehen, ein schwarzer Balken verdeckt seine Augen. Daneben die Schlagzeile:

DJ Ulli K. aus Bockelsberg vertrieb eine ganze
Hochzeitsgesellschaft
Brautpaar klagt auf Schadensersatz!

Leider wird ein solcher Artikel nie erscheinen, und es gibt auch keine Lizenz für DJs, die einem solchen Stümper entzogen werden könnte.[9] Weil solche Katastrophen der breiten Öffentlichkeit in der Regel verborgen bleiben, ist der Markt bedauerlicherweise überschwemmt mit unfähigen Möchtegern-Alleinunterhaltern. Die Vorstellung, an den Wochenenden mit »ein bisschen Musik abspielen« gutes Geld verdienen zu können, wirkt verführerisch auf solche Leute. Das macht doch Spaß, und außerdem kann man sich dabei sogar noch auf Kosten der Auftraggeber betrinken!

Aber die wenigsten dieser Pseudo-DJs sind einer Hochzeit wirklich gewachsen. Die Anforderungen auf einer solchen Feier sind nämlich enorm. Man kann sich kein bunter gemischtes Publikum vorstellen. Es sind meistens Menschen im Alter von vier bis 84 Jahren zugegen, die aus unterschiedlichen Gegenden kommen. Nicht selten auch aus unterschiedlichen Nationen. Jeder hat einen völlig eigenen Musikgeschmack und ganz individuelle Erwartungen an das Fest. Bei diesem romantischen Anlass sind die Anwesenden meistens besonders emotional, und dieses Gefühl muss stimmungsvoll aufgefangen werden.

Allen Gästen gemein ist, dass niemand wegen der Musik gekommen ist. Die musikalische Untermalung muss sich also hundertprozentig nach dem Publikum richten und nicht umgekehrt. Der DJ sollte daher unauffällig im Hintergrund arbeiten, statt mit dummen Sprüchen und Ansagen die Aufmerksamkeit auf sich zu ziehen. Kein Mensch interessiert sich für seine Person. Selbstdarstel-

---

[9] Es existiert zwar ein so genannter DJ-Führerschein, aber der sagt nichts über die musikalische und menschliche Qualität eines DJs aus. Auch eine Mitgliedschaft im Berufsverband Discjockey (BVD e.V.) bedeutet nicht automatisch, dass der Betreffende die nötigen Fähigkeiten für eine Hochzeit besitzt.

ler wie Ulli K. aus Bockelsberg sind hier also schon mal grundsätzlich fehl am Platz.

Euer DJ wird für einen Zeitraum von sechs bis acht Stunden die volle Verantwortung dafür tragen, dass alle Generationen gemeinsam auf der Tanzfläche feiern. Das ist nur mit einem musikalischen Spagat zwischen allen populären Musikgenres zu schaffen, der die unterschiedlichen Geschmäcker zusammenführt. Dieser Gruppengeschmack ist etwas völlig anderes als die persönlichen Vorlieben jedes Einzelnen. Auf einer feuchtfröhlichen Party fahren die Leute plötzlich auf Musik ab, die sie sich zu Hause nicht anhören würden. Der DJ ist gefordert zu erkennen, was hier und jetzt bei diesen Leuten ankommt und was nicht.

Eine mitreißende Gruppendynamik kann nur dann entstehen, wenn genau im richtigen Moment der passende Song aus Tausenden von Möglichkeiten ausgewählt wird. Was ein DJ dafür vor allen Dingen besitzen muss, nenne ich »emotionales Musikgedächtnis«. Es ist das Wissen, welche Stimmung ein bestimmtes Lied beim Publikum in einer konkreten Situation auslösen wird. Das geht nur mit Einfühlungsvermögen und sehr viel Erfahrung. So erstellt der DJ spontan für jede Phase der Feier den passenden Soundtrack. Das kann nun mal nicht jeder und schon gar kein angetrunkener DJ Ulli.

Auch einem Anfänger oder unsicheren Hobby-DJ solltet Ihr Euer Fest besser nicht anvertrauen, es sei denn, Ihr habt ihn schon auf einer anderen Feier persönlich erlebt oder er wurde Euch wärmstens empfohlen. Auf einer Hochzeit bleibt nämlich keine Zeit für musikalische Experimente. Eine altersübergreifende Festgesellschaft entscheidet erfahrungsgemäß innerhalb der ersten zehn Sekunden eines jeden Songs, ob weitergetanzt wird oder nicht. Ein einziger schlecht gewählter Musiktitel kann daher schlagartig die Tanzfläche leeren.

Der ein oder andere Fehlgriff passiert durchaus auch den Besten mal, weil jede Feier einzigartig ist und selbst hundertfach bewährte Hits nicht immer funktionieren. Manchmal können auch selbstsüchtige Liedwünsche einzelner Gäste dazwischenfunken, die einfach nicht zur Stimmung der Gruppe passen. Ein guter Musikdienstleister ist dann aber in der Lage, spontan zu reagieren und die Tanzfläche sofort wieder mit einem anderen Knallersong zu füllen. Jemand wie DJ Ulli kann das nicht, und ihm ist es nach dem fünften Hefeweizen wohl auch ziemlich egal, ob überhaupt noch jemand tanzt. So geht das bei ihm also die ganze Nacht weiter: Ein unpassender Titel nach dem anderen, bis alle Gäste die Flucht ergriffen haben.

Ihr braucht ganz klar einen fähigen Profi, der seine volle Konzentration auf das Publikum richtet. Der selbstverständlich keinen Alkohol trinkt und der alle drei Minuten genau die richtige Entscheidung trifft. Ihr braucht einen DJ, der Euch und Eure Gäste die ganze Nacht hindurch mit einem musikalischen Volltreffer nach dem anderen verwöhnt. Wie Ihr ihn finden könnt, verrät Euch das nächste Kapitel.

Die 5 schlimmsten Todsünden
bei einem DJ:

• Nicht erscheinen oder viel zu spät kommen

• Die eigene Lieblingsmusik auflegen, die keiner hören will

• Die Gäste mit schlechten Witzen und Animation nerven

• Sich bei der Arbeit betrinken

• Schlecht gelaunt oder genervt wirken

Sünde 17: Internetrecherche

Willkommen im Reich der Geschmacklosigkeit

Wollt Ihr etwas Haarsträubendes sehen? Etwas so Geschmackloses, dass es schon wieder lustig ist? Dann gebt doch spaßeshalber einfach mal den Suchbegriff »Hochzeits-DJ« bei Google ein. Ihr werdet eine Auflistung von Websites bekommen, deren Gestaltung und Inhalt jeden Freund von echtem Trash begeistern wird.

Da gibt es die dollsten Seitenlayouts, mit grobkörnigen Disco-Kügelchen in primitiver Animation und mit grellen Farbkontrasten, die selbst den blinden Stevie Wonder blinzeln lassen würden.

Nicht selten grinst einen gleich auf der Startseite ein bierbäuchiger Typ in schlecht sitzendem Jackett oder Kurzarmhemd an (warum werden solche hässlichen ärmellosen Dinger heutzutage überhaupt noch hergestellt?), der lediglich durch einen Kopfhörer als DJ zu identifizieren ist. In der Regel sehen diese Gestalten nicht so aus, als ob man ihnen nachts gern auf der Straße begegnen möchte. Geschweige denn, dass man sie als Gast auf die eigene Hochzeit einladen würde.

Richtig lustig wird es, wenn Ihr anfangt zu lesen. Oft ist schon der Name amüsant, wenn sich ein erwachsener Mann mit Koseformen wie DJ Ronny, DJ Manni, DJ Ricky oder gar mit einem wahren Künstlernamen wie DJ Elvis oder DJ Snoopy schmückt. Je niedlicher der Name, desto komischer die Texte.

Herzallerliebst sind meistens die Biografien, endlose Beschreibungen der Helden seit frühester Jugend, wo man auf der Dorfkirmes das musikalische Ausnahmetalent entdeckte. Wären sie nicht DJs geworden, wären diese geborenen Entertainer mit ihrem unglaublichen Charisma bestimmt berühmte Popstars. Bloß interessiert sich offenbar kein Mensch für sie, sonst müssten sie es ja nicht selbst im Internet erzählen!

Warum sehen die meisten Websites von selbst ernannten Hochzeits-DJs und von Agenturen, die solche vermitteln, einfach nur schrecklich aus? Und warum grenzen die Inhalte oft an Realsatire? Es wirft ein völlig falsches Licht auf die gesamte Branche, in der es natürlich viele seriöse Dienstleister gibt.

Ich finde dafür nur eine mögliche Erklärung: Wirklich gute mobile DJs haben eine Selbstdarstellung im Internet gar nicht nötig. Es ist eine Besonderheit dieses Berufs, dass es zur Eigenwerbung völlig ausreicht, seine Arbeit gut zu machen. Auf jeder Feier befinden sich im Schnitt zwischen 50 und 100 Gäste und damit potenzielle Kunden. Das heißt, jedes Fest, bei dem ein DJ sein Bestes gibt und die Partymeute bis in den frühen Morgen begeistert, wird früher oder später zu Folgebuchungen führen.

Ich hatte beispielsweise nie eine Website als Hochzeits-DJ. Ich bin in diese Branche zufällig hineingeschlittert und hatte ursprünglich nicht vor, das Auflegen zu professionalisieren. Doch ohne auch nur einen Cent in Werbung oder einen Internetauftritt zu stecken, war ich bald jedes Wochenende im Einsatz. Sicherlich geht das vielen fähigen Kollegen ähnlich.

Der erste Schritt auf der Suche nach Qualität sollte daher immer sein, zunächst im Freundes-, Kollegen- und Verwandtenkreis nachzufragen, ob jemand einen guten DJ erlebt hat. Wenn Ihr selbst zu Gast auf einer Feier wart, wo Euch der DJ überzeugt hat, fragt bei den Gastgebern nach. Möglicherweise kann Euch auch Eure Location jemanden nennen, der bei zurückliegenden Feiern einen besonders guten Eindruck hinterlassen hat. Bestimmt werdet Ihr so einige wertvolle Kontakte erhalten.

Gehen wir aber nun mal davon aus, Ihr findet auf diesem Weg keinen DJ, der an Eurem Wunschtermin frei ist. Nehmen wir weiter an, eine Verschiebung Eurer Feier käme nicht infrage. Wie kann Euch dann das Internet vielleicht doch weiterhelfen?

Zunächst einmal solltet Ihr bei der Internetrecherche lokal suchen, also den Namen der Stadt mit eingeben, in der Ihr feiern wollt. Zum Beispiel mit der Suchanfrage »DJ Frankfurt«. Das wird schon mal einige bundesweit um Kunden buhlende Agenturen und als DJs getarnte Alleinunterhalter ausklammern. Vielleicht habt Ihr Glück und findet bei der Flut der Treffer eine Seite, die im Vergleich zu den anderen ansprechend gestaltet ist und Euch gefällt.

Ein weiterer guter Anhaltspunkt können Hochzeitsforen sein, in denen sich angehende Brautleute untereinander austauschen. Wird dort ein bestimmter DJ in Eurer Gegend immer wieder gelobt? Dann kontaktiert ihn für einen ersten Eindruck. Vorsicht ist allerdings geboten, wenn dieses Lob gar zu überschwänglich ist. Es könnte sich auch um einen gefälschten, selbst verfassten Eintrag des DJs handeln. Gleiches gilt übrigens für Gästebücher auf den jeweiligen Websites der DJs oder Agenturen.

Wenn alle Stricke reißen, bleibt Euch nur noch der

138

steinige Weg, zwischen all den schrecklichen restlichen Internetseiten diejenige ausfindig zu machen, die inhaltlich am ehesten überzeugen kann. Es gibt einige K.o.-Kriterien, nach denen Ihr viele Anbieter auf den ersten Blick ausschließen könnt. Das spart Zeit. Ich werde sie für Euch im folgenden Kapitel aufzählen und kurz erläutern.

Die 5 häufigsten Wünsche
von Brautpaaren an den DJ:

- Keine Moderation

- Kein Techno

- Kein Schlager

- Keine Ballermann-Musik

- Kein Heavy Metal

Sünde 18: Warnsignale übersehen

Wenn Ihr eines oder mehrere der folgenden Merkmale auf der Internetseite eines DJs oder einer Agentur seht, braucht Ihr Euch nicht weiter damit aufzuhalten.

Dumpingpreise

Im Volksmund heißt es: Was nichts kostet, taugt auch nichts. Bei DJs stimmt das hundertprozentig. Kein verantwortungsbewusster Kollege, der sich wirklich auf jedes Publikum und auf jede erdenkliche Situation bei einer Feier einstellen kann, wird diese anspruchsvolle Dienstleistung für 250 oder 300 Euro anbieten.

In der Regel müsst Ihr für einen guten DJ samt Technik zwischen 900 bis 1500 Euro (im urbanen Raum) einkalkulieren. Das variiert je nach Renommee des DJs und auch nach Umfang des Auftrags, beispielsweise ob der Einsatz zeitlich begrenzt ist oder bis Open End gilt.

Aber Vorsicht: Nicht jeder, der viel Geld will, ist automatisch gut. Innerhalb der genannten Preisspanne solltet Ihr nicht davon ausgehen, dass der teurere DJ unbedingt der bessere ist. Oder dass der teuerste automatisch gut zu Euch passt, denn auch die zwischenmenschliche Chemie zwischen Euch und dem DJ ist wichtig! Die Wahl solltet Ihr eher von Eurem Bauchgefühl nach dem Vorgespräch abhängig machen als von ein paar Hundert Euro mehr oder weniger. Schließlich hängt das Gelingen Eurer Abendfeier maßgeblich von diesem Menschen ab!

Übrigens ist es üblich, die Gage am Abend der Darbietung bar zu zahlen. Die mündliche Absprache ist bindend. Ihr vertraut darauf, dass der DJ pünktlich erscheint und dass er seine Aufgabe meistert. Er verlässt sich im Gegenzug darauf, dass er seine Gage erhält. Ihr könnt natürlich auch auf einem schriftlichen Vertrag bestehen, in der Regel ist dann allerdings ein Teil vorab zu zahlen. Der DJ muss Euch in jedem Fall garantieren, dass er bei Krankheit oder Verhinderung durch höhere Gewalt einen adäquaten Ersatzmann samt Technik stellt. Ein Vertrag kann Euch diesbezüglich absichern, indem er eine Ausfallzahlung des DJs in Höhe der kompletten Gage bei nicht erbrachter Leistung vorsieht. Umgekehrt wird dann allerdings auch eine Zahlung von Euch fällig, falls Ihr Eure Hochzeit kurzfristig absagen oder verschieben müsst. Dadurch wird die Buchung hinfällig, und der DJ muss für den Verdienstausfall entschädigt werden, denn schließlich hat er den Termin fest für Euch reserviert und andere lukrative Aufträge für diesen Tag abgesagt.

Moderation

Wenn ein DJ sich mit einem Mikrofon in der Hand auf seiner Website zeigt, könnt Ihr ihn gleich vergessen. Es gibt sogar einige Spezis, die sich allen Ernstes mit einer aufgeblasenen Gummigitarre oder ähnlichem Schabernack präsentieren. Bloß nicht! Ihr braucht keinen lustigen Heini, der versucht, Eure Gäste mit spaßiger Animation zu unterhalten. Ihr beide seid als Gastgeber die alleinigen Stars des Abends, nicht ein dahergelaufener Hampelmann. Ein stilvoller DJ bleibt dezent im Hintergrund und begeistert die Gäste allein durch seine Musikauswahl. Das Mikrofon setzt er nur für kurze Durchsagen ein, beispielsweise wenn der Mitternachtssnack angerichtet ist oder der Brautstrauß geworfen werden soll.

Ausufernde Textwüsten

Wer seitenlang berichtet, wie toll er ist und warum man überhaupt einen professionellen Discjockey auf einer Hochzeit braucht, ist wohl in Erklärungsnot. Er rechtfertigt sich, ehe er überhaupt gefragt wird. Offenbar bekommt er also wenig Anerkennung von außen und muss sich deshalb profilieren. Damit braucht Ihr gar nicht erst Eure Zeit zu verschwenden. Finger weg von solchen Selbstdarstellern! Eine Website sollte kurz und knapp verfasst sein, aber ansprechend alle wichtigen Fakten präsentieren. Am besten ist sie so gestaltet, dass Ihr wenig scrollen oder blättern müsst.

Tanzpausen

Welcher DJ unterbricht seinen Musikmix freiwillig und gibt das dann auch noch öffentlich zu, indem er auf seiner Website Tanzpausen anpreist? So jemand weiß wohl nicht, dass eine Tanzfläche tatsächlich eine ganze Nacht lang durchweg mit glücklichen Menschen gefüllt sein kann. Solche Pausen sind ein Relikt aus der Zeit, als man noch zu Tanzkapellen Standardtänze abspulte. Klar brauchten die Musiker zwischendurch kurze Auszeiten, aber bei Musik aus der Steckdose gibt es dafür überhaupt keinen Grund. Im Gegenteil, seit Jahren setze ich mich zum Wohle aller dafür ein, dass nach dem Eröffnungstanz keine Unterbrechung der Party durch Beiträge mehr geduldet wird. Denn eine stimmige Abfolge von Songs entwickelt für alle Gäste einen unwiderstehlichen Sog, der durch Aussetzer drastisch abgeschwächt wird. Jede einzelne Pause ist eine Stimmungsbremse, egal was in ihr passiert. Bei zu vielen Beiträgen kann dann selbst der beste DJ der Welt nichts mehr ausrichten, um die Gesamtstimmung der Gäste oben zu halten. Wenn also ein Vertreter der Zunft Tanzpausen auf seiner Website erwähnt, könnt Ihr ihm gleich eine wirklich lange Pause gönnen – indem Ihr ihn gar nicht erst engagiert!

Mobile oder Rollende Disco

Tauchen diese völlig veralteten Begriffe irgendwo auf der Website eines DJs auf, könnt Ihr sie sofort verlassen: Dieser arme Kerl ist offenbar so weit weg vom Puls der Zeit, dass er gar nichts mehr merkt. Das Gleiche gilt, wenn das Kürzel DJ in Kombination mit einer Koseform des Vornamens verwendet wird, wie z. B. DJ Kalle oder eben DJ Ulli. Dass das alles andere als cool ist, wissen wir spätestens seit der Eroberung des Ballermanns durch DJ Ötzi.

Eine Hochzeit ist nun mal *keine* Disco, und das sollte sich auch in einer angemessenen Beleuchtung und Beschallung ausdrücken. Ich finde hohe Gestänge mit Lichtern (so genannte Traversen) und klobige Riesenboxen geschmacklos. Technik sollte so unauffällig wie möglich sein. Weniger ist mehr: Ich habe meistens nur ein bis zwei gute Lichteffekte dabei und ein paar Floorspots (Strahler, die Wände farbig anleuchten). Meine Lampen stehen unauffällig auf dem Boden und werden erst eingeschaltet, wenn die Party losgeht. Meine Lautsprecher sind relativ klein, aber leistungsstark durch die Verbindung mit einer ebenfalls auf dem Boden platzierten Bassbox, einem so genannten Subwoofer. Das reicht völlig! Lasst Euch also keine großen (und teuren) Traversen oder sonstigen unnötigen Firlefanz aufquatschen, der während der gesamten Feier den optischen Gesamteindruck stört.

Werbung am DJ-Pult

Wenn auf der Website Bilder vom Einsatz des DJs zu sehen sind, so achtet darauf, ob er bei seiner Musikanlage oder – noch schlimmer! – in extra aufgehängten Bannern groß und breit seinen Namen oder seine Internetadresse präsentiert. Stellt Euch das in Eurem festlich geschmückten Hochzeitssaal vor, und Ihr werdet sofort einsehen, dass dieser Mensch dort nicht hineinpasst. Das ist schließlich keine Werbeveranstaltung für den DJ! Weder Ihr noch Eure Gäste wollen den ganzen Abend auf einen Schriftzug wie www.dj-thommy-hannover.de schauen. Ein seriöser Dienstleister verzichtet auf solche Geschmacklosigkeiten und hat allenfalls Visitenkarten parat. Die verteilt er aber keinesfalls auf den Tischen oder in den Waschräumen, und er drückt sie auch nicht unaufgefordert Gästen in die Hand. Wenn er wirklich einen guten Job macht, kommen die Leute von selbst auf ihn zu und fragen ihn nach seinen Kontaktdaten. Sich durch aktive Werbung aufzudrängen ist tabu.

Wunschlisten

Manche DJs und Agenturen bieten auf ihrer Website Wunschlisten an, die man online ausfüllen oder ausdrucken kann. Oft sieht das Ganze so aus, dass bestimmte Genres (beispielsweise 80er, Schlager, House usw.) sowie Beispielsongs genannt werden, und Ihr könnt ankreuzen, ob Ihr viel, wenig oder gar nichts davon hören wollt. Vielleicht denkt Ihr im ersten Moment sogar, das sei ein guter Kundenservice.

Sorry, aber wenn ich so etwas sehe, rollen sich mir die Fußnägel zurück! Es ist absurd, Euch abzuverlangen, im Voraus zu überlegen, was bei Eurer Feier in einem halben Jahr eventuell ankommen wird. Genau das ist schließlich die Aufgabe eines Profis, das selbst zu erkennen und sich musikalisch voll auf Euch und das Publikum einzustellen.

Denkt bitte daran, was ich über das emotionale Musikgedächtnis eines guten DJs gesagt habe. Das hat rein gar nichts mit Musikstilen oder dem Entstehungsjahr eines Songs zu tun. Es geht immer um das Gefühl, das ein Lied im richtigen Moment beim Publikum auslöst, und das lässt sich nicht in irgendwelchen Tabellen darstellen. Wenn Euch dennoch jemand so etwas anbietet, hat er wohl dafür kein Gespür.

Natürlich wird jeder seriöse DJ vor der Feier gern eine aktuelle Wunschliste mit Euren Lieblingstiteln annehmen und so viel wie möglich davon spielen. Ihr müsst Euch aber nicht damit befassen, wie viel Rock, Soul, Schlager oder sonstige Stile Eure Gäste wohl hören wollen. Wer ernsthaft auf Basis einer solchen Liste arbeitet, ist sein Geld nicht wert. Vor allem, wenn so ein nichtssagender Fragebogen allen Ernstes als zeitsparender Ersatz für ein persönliches Vorgespräch angepriesen wird.

Wenn Ihr Euch und allen Partygästen einen Gefallen tun wollt, nennt dem DJ lieber nur wenige wirklich wichtige Titel und lasst ihm so viel Freiraum wie möglich. Er wird dank seiner Erfahrung auf Musikstücke kommen, an die Ihr vorher nicht denkt. Aber wenn es dann so weit ist, werdet Ihr dazu genauso wie alle anderen auf den Stühlen tanzen. Diese magischen Momente, wo der Funke überspringt und eine kollektive Ekstase entsteht, lassen sich nicht vorab planen. Ein wirklich guter DJ hat das Händchen dafür.

DJ-Agenturen

Wenn Ihr auf keinem anderen Weg weitergekommen seid, kann Euch unter Umständen eine DJ-Agentur weiterhelfen. Aus einer ganzen Reihe von Gründen sind solche Anbieter allerdings mit Vorsicht zu genießen.

Zunächst einmal funktioniert eine Agentur natürlich nur dann, wenn von der Gage des jeweiligen DJs auch die Agenturkosten getragen werden. Das ist verständlich. Unverschämt ist allerdings, wie hoch die vom DJ heimlich an den Betreiber zu zahlenden Provisionen teilweise sind. Ich kenne eine Agentur, die den Brautleuten für einen zehnstündigen Einsatz 600 Euro Grundgage abknöpft. Davon darf der DJ ganze 180 Euro brutto behalten. Das heißt, 420 Euro wandern direkt in die Tasche des Agenturbetreibers, und zwar bloß dafür, dass er Eure Telefonnummer an den DJ weitergereicht hat!

Dass es bestimmt nicht die besten und motiviertesten DJs sind, die sich zu solchen Niedriglöhnen verheizen, ist klar. Oft müssen diese armen Schlucker eine Verschwiegenheitsklausel unterschreiben und dürfen Euch die Höhe der Provision nicht verraten. Allein das schon ist ein Unding. Stellt Euch ein solches Verhalten doch mal in einer anderen Branche vor: Ihr bringt Euer Auto in die Werkstatt, die sagen Euch, was es kostet – verraten aber nicht, was überhaupt gemacht wurde und wie hoch die Monteurkosten sind. Das wäre undenkbar!

Fragt also ganz gezielt danach, was der DJ eigentlich verdient. Dieser Laden lebt von Euch, den Kunden, und Ihr habt das volle Recht zu erfahren, was mit Eurem Geld passiert. Bekommt Ihr hier keine eindeutige Antwort oder versucht man, Euch auszuweichen, sucht sofort das Weite.

Erst recht indiskutabel sind Agenturen, die Euch noch nicht mal sagen, welcher konkrete DJ aus ihrem Pool bei Eurer Feier überhaupt auftauchen wird. Nach dem Motto: Irgendeiner kommt dann schon. Das gibt es tatsächlich! Ihr kauft die Katze im Sack und werdet vertraglich gebunden. Lasst Euch auf keinen Fall darauf ein. Ein persönliches Vorgespräch mit Eurem DJ ist das absolut Mindeste, was man erwarten darf. Und natürlich hat dann auch der und kein anderer bei der Feier zu erscheinen!

Eine nächste große Gefahr bei Agenturen sind weitere versteckte Kosten neben der Provision. So könnt Ihr beispielsweise ein Angebot erhalten, wo für jede Lampe, für ein Mikrofon oder sonstige Dinge wie die Anfahrt ein Aufpreis berechnet wird. Man versucht Euch vorher aber erst mal weiszumachen, es sei preiswert – bis Ihr anfangt zu rechnen. Ehe Ihr bei einem unübersichtlichen Angebot den Taschenrechner auspackt, lasst es lieber ganz bleiben: Eine DJ-Offerte sollte pauschal und transparent sein. Das heißt, alle Kosten müssen inbegriffen sein, und Ihr seht den Betrag, den Ihr am Ende wirklich zu zahlen habt.

Selbstverständlich gibt es auch seriöse DJ-Agenturen,

die Euch wirklich gut betreuen. Um die Perlen auf dem Markt zu finden, sind wieder persönliche Weiterempfehlungen von Freunden, Gastronomen oder anderen Dienstleistern hilfreich. Und ebenso wie bei Einzel-DJs, taugen meistens Billig-Anbieter nichts. Vor allem, wenn ihr Angebot die eben aufgeführten Haken hat.

Zum Schluss noch einige wichtige Überlegungen, falls Ihr Wert auf Livemusik legt und eine Band buchen wollt. Eine Livecombo hat naturgemäß ein begrenztes Repertoire, kann also nur bedingt auf Publikumswünsche eingehen. Auch müssen die Musiker wie weiter oben erwähnt gelegentlich Pausen machen, wodurch die Stimmung einen Knick bekommen kann.

Auf Nummer sicher geht Ihr nur dann, wenn Ihr die Band in Kombination mit einem DJ bucht. Er überbrückt die Pausen und übernimmt am Ende die Party bis Open End. Für solche Einsätze wurde ich schon mehrfach engagiert, und es hat immer allen Beteiligten Spaß gebracht. Ich konnte in den Pausen genau die Songs spielen, die die Band nicht im Programm hatte, und so dem Publikum eine willkommene Abwechslung bescheren. Für die Musiker war es eine große Entlastung, das Publikum nicht nonstop alleine bespaßen zu müssen.

Sünde 19: Gekünstelter Eröffnungstanz

Echt crazy

Zu den festlichen Klängen des Walzers *An der schönen blauen Donau* von Johann Strauss schreitet das Brautpaar aufeinander zu. Wie immer vor dem Eröffnungstanz steigt mein Adrenalinspiegel schlagartig an. Das ist der Moment, ab dem ich die Verantwortung für den weiteren Verlauf des Festes trage. Auch nach Jahren in diesem Beruf ist es für mich jedes Mal aufs Neue eine Herausforderung, das Vertrauen der Gäste zu gewinnen und ihnen eine möglichst tolle Party zu bereiten.

Diesmal ist meine Nervosität noch etwas anderer Natur. Bräutigam Marcel hat mir nämlich erst gestern per E-Mail eine MP3-Datei für den Eröffnungstanz geschickt. Er schrieb dazu, sie hätten sich nun doch für einen »Crazy Wedding Dance« entschieden. Das ist eine relativ neue Unsitte aus den USA, wo verschiedene Musiktitel zusammengeschnitten werden, damit das Brautpaar dazu eine »persönliche Darbietung« durchziehen kann.

Den Sinn davon habe ich ehrlich gesagt nie verstanden. Was Marcel mir da hat zukommen lassen, ist auch wirklich besonders schlimm. Zum einen ist es furchtbar laienhaft geschnitten, vermutlich von ihm selbst. Die einzelnen Lieder enden ganz abrupt, gefolgt von einigen

Sekunden Pause vor dem nächsten Song. Allein deshalb schon kann ich mir nicht vorstellen, was die beiden dazu vorführen möchten.

Besonders fragwürdig ist allerdings die wilde Auswahl der Titel. Es ist überhaupt kein roter Faden erkennbar. Und dann dauert das Ganze auch noch fast sieben Minuten! Das ist viel zu lang. Aber gut, ich lasse mich einfach mal überraschen. Die beiden werden sich schon etwas dabei gedacht haben.

Das Paar hat sich gerade gekonnt zu dem Walzer in Bewegung gesetzt, als dieser abbricht. In der Pause bleiben sie einfach stehen. Ich ernte vorwurfsvolle Blicke aus dem Publikum. Klar, jeder denkt, der unfähige DJ hat das Lied abgewürgt. Als Nächstes kommt viel zu laut *I Like To Move It*, der Superhit aus den Neunzigern von Reel 2 Real. Ich muss den Regler runterziehen, um die Lautstärke an den Walzer anzugleichen. Das hat Marcel offenbar auch versäumt.

Die Brautleute bewegen sich zu dem pumpenden Bass wie zwei Äffchen. Keiner der Gäste scheint so richtig zu begreifen, was diese Darbietung jetzt soll. Es bleibt auch gar nicht viel Zeit, sich das zu überlegen, denn schon wird auch dieser Song unterbrochen. Wenige Augenblicke später ertönt der *Ententanz* in einer besonders billigen Version, die irgendeiner Kinder-CD entnommen zu sein scheint. Marcel und Helene schlagen mit den Ellbogen wie mit Flügeln. So langsam kapiert die Hochzeitsgesellschaft, dass wohl alles hier mit Absicht geschieht. Schnell werden Handys gezückt, um Beweismaterial auf Film zu bannen.

Sieben Minuten können verdammt lang sein. Vor allem, wenn einem in dieser Zeit Schnipsel aus mehr als 20 Songs um die Ohren gehauen werden, die verschiedener nicht sein könnten. Da kommen zum Beispiel Snap – *The Power*, Jürgen Drews – *Ein Bett im Kornfeld*, Chubby Checker & Fat Boys – *The Twist*, Take That – *Relight My Fire*, Dschingis Kahn – *Moskau*, David Guetta – *Sexy Bitch* und noch weitere scheinbar willkürlich gewählte Titel.

Für mich persönlich ist es kaum erträglich. Damit mir keine Schamesröte ins Gesicht steigt, konzentriere ich mich auf meinen Mixer und die Lautstärke der einzelnen Musikschnipsel. Die weiteren Verrenkungen des Brautpaares sehe ich nur noch aus den Augenwinkeln, und das ist gut so. Bei den Gästen gibt es hier und da mal einen Lacher. Aber so richtig gute Stimmung will nicht aufkommen. Als es endlich vorbei ist, ringt sich das überforderte Publikum einen kümmerlichen Applaus ab. Ich haue erleichtert *Love Is In The Air* von John Paul Young rein, und die Tanzfläche ist sofort voll. Na bitte, warum nicht gleich so?

Ausgewalzt

Nicht jeder altmodische Hochzeitsbrauch ist schlecht. Traditionell eröffnet das Brautpaar die Tanzfläche mit einem Tanz. Diese Geste kommt immer gut an und ist ein eindeutiger Startschuss für die Party. Dadurch werden auf einen Schlag alle Gäste mobilisiert. Besonders nach einem langen Essen kann so der »tote Punkt« schnell überwunden werden.

Gelegentlich habe ich allerdings Kunden, die sich in dieser Hinsicht etwas zieren. Entweder weil sie sich nicht für gute Tänzer halten, oder weil ihnen ein klassischer Eröffnungswalzer zu steif und zu altbacken ist. Es wird also mal wieder die äußere Erwartungshaltung als Ausgangspunkt für die eigenen Überlegungen genommen: »Man«

erwarte, dass die Tanzfläche mit einem klassischen Walzer eröffnet werde. Außerdem habe das Brautpaar die dazugehörigen klassischen Tanzschritte zu beherrschen. Aber wer behauptet das eigentlich?

Macht ruhig einen Eröffnungstanz, denn das bringt Eure Feier voran. Aber tut das auf eine Weise und zu einer Musik, die wirklich etwas mit Euch zu tun hat. Wenn Ihr im Alltag nichts anderes als Pop hört, warum solltet Ihr dann unbedingt einen Walzer wählen?

Tatsächlich gab es bei meinen Kunden schon alle möglichen Musikrichtungen bei Eröffnungstänzen, von gefühlvollen Balladen bis hin zu Rock oder Clubsounds. Nie haben sich die Brautleute damit blamiert, wenn ihr Lied ehrlich von Herzen gewählt war. So ein Affentheater wie den Crazy Wedding Dance braucht Ihr allerdings nicht aufzuführen, denn niemand will eine spaßige Revue vom amateurhaften Gehampel des Brautpaares sehen. Worum es beim Eröffnungstanz geht, ist, einen einzigartigen emotionalen Moment mit Eurer Familie und Euren Freunden zu teilen.

Wenn es authentisch »Eure« Musik ist, wenn Ihr wirklich dazu steht, kann alles Mögliche funktionieren. Das Lied *Ein Kompliment* von den Sportfreunden Stiller kann ebenso Gänsehautmomente schaffen wie *The Black Pearl* im House-Remix von Dave Darell. Denkt also im Vorfeld einfach gemeinsam darüber nach, ob es ein Musikstück gibt, das für Euch beide eine besondere Bedeutung hat und das Euch verbindet. Gab es einen Song, der immer im Radio lief, als Ihr Euch kennengelernt habt? Wart Ihr gemeinsam auf einem tollen Konzert? Gibt es eine Ballade, die Euch noch heute besonders berührt? Das sind die richtigen Fragen, die ihr beantworten solltet – nicht, ob Dreivierteltakt oder Viervierteltakt besser ist.

Übrigens ist es auch völlig egal, ob Ihr korrekt auswendig gelernte Tanzschritte abspult oder einfach nur aneinandergeschmiegt hin und her schaukelt. Es ist allein die Geste, die zählt und die Eure Familie und Freunde berührt. Es geht weder um Etikette noch um eine überzogene Show, sondern um echte Gefühle.

Egal für welchen Eröffnungstitel Ihr Euch entscheidet, grundsätzlich solltet Ihr nicht länger als eineinhalb bis maximal zwei Minuten allein auf der Tanzfläche bleiben. Erstens wird Euch selbst das schon sehr lange vorkommen, wenn alle Augen auf Euch gerichtet sind. Zweitens erschöpft sich dann auch bereits die Wirkung für das Publikum.

Übt das doch mal zu Hause zu einem Song Eurer Wahl und schaut dabei auf die Zeitanzeige der Stereoanlage. Stellt Euch vor, Ihr tanzt alleine vor Publikum. Ihr werdet schnell merken, wie lang sich eineinhalb Minuten anfühlen können.

Wenn Ihr auf der Feier also entsprechend lange alleine getanzt habt, habt Ihr drei Möglichkeiten fortzufahren.

Variante 1: Ihr trennt Euch und holt über Kreuz andere Tanzpartner auf die Tanzfläche. Beispielsweise die Braut den Bräutigamsvater und der Bräutigam die Brautmutter. Diese neu gebildeten Paare trennen sich nach kurzer Zeit ebenfalls und organisieren sich wiederum neue Tanzpartner und so weiter. Auf diese Weise füllt sich die Tanzfläche elegant nach einem Schneeballprinzip. Das empfiehlt sich besonders, wenn Ihr für Eure Eröffnung tatsächlich einen klassischen Paartanz oder Walzer gewählt habt.

Variante 2: Ihr winkt einfach die Gäste auf die Tanzfläche. Das empfiehlt sich eher für flottere Musik, bei der die Leute nicht unbedingt auf einen Tanzpartner angewiesen sind.

Variante 3: Der DJ blendet Euer gemeinsames Lied an einer vorher abgesprochenen Stelle aus und legt mit einem neuen Song los, der bei jedem Publikum gut ankommt und den Startschuss für die Party gibt.

Welche dieser drei Varianten für Euch die richtige ist, hängt von Eurer Titelwahl und vom Publikum ab. Wenn Ihr beispielsweise viele ältere Gäste habt, ist es durchaus charmant, zumindest am Anfang auf klassischen Paartanz zu zielen. Sicher kann Euch Euer DJ hierzu beraten.

Der Eröffnungstanz sollte übrigens nicht später als 22 Uhr 30 erfolgen. Ansonsten lauft Ihr Gefahr, dass die Gäste schon zu müde sind und die Party nicht mehr richtig in Schwung kommt. Optimal finde ich 22 Uhr. Bis dahin können Essen und Beiträge problemlos abgewickelt werden. Auch an langen Sommertagen ist es dann draußen bereits ziemlich dunkel, was der Stimmung innen bei bunter Beleuchtung zuträglich ist. Falls das Abendessen sehr zeitig beginnt, kann allerdings auch ein früherer Start gewählt werden. Aber am besten nicht vor 21 Uhr: Es sollte schon ein wenig Abendstimmung herrschen, wenn das Nachtleben Eurer Feier mit Tanz und Musik beginnt.

Die 5 beliebtesten Eröffnungswalzer:

- Jackie DeShannon – What the World Needs Now

- Debbie Boone – You Light Up My Life

- Dmitri Shostakovich – Walzer Nr. 2 (bekannt aus dem Film Eyes Wide Shut)

- Elvis Presley – Can't Help Falling in Love

- Karel Svoboda / Ella Endlich – Drei Haselnüsse für Aschenbrödel / Küss Mich, Halt Mich, Lieb Mich

Sünde 20: Nicht im Bilde sein

Einer für alles?

Erleichtert lehne ich mich zurück. Selbst für meine Verhältnisse hat dieses Vorgespräch mit fast drei Stunden extrem lang gedauert. Cora und Tim sind Anfang zwanzig und hatten sich bisher über den Ablauf ihrer Feier nicht allzu viele Gedanken gemacht. Wenn ein Paar derart schlecht vorbereitet zu mir kommt, ist das natürlich ziemlich anstrengend.

Ich musste ihnen erst mal grundlegend klarmachen, worauf bei der Planung überhaupt zu achten ist. Sicherlich konnten sie durch das Gespräch eine deutliche Vorstellung gewinnen. Cora sieht jedenfalls sehr fröhlich aus und scheint guter Dinge zu sein. Tim druckst allerdings etwas herum, und ich spüre, dass ihn noch etwas beschäftigt. Endlich lässt er die Katze aus dem Sack: »Also, Thomas, das war ja wirklich ein ganz tolles Gespräch. Vielen Dank für deine Tipps. Wir müssten jetzt aber noch mal über den Preis reden.«

Der Tonfall gefällt mir nicht. Ich hatte vor dem Treffen klipp und klar gesagt, wie hoch meine Gage ist. Eigentlich wird nach einem so informativen Vorgespräch dann auch nicht mehr darüber diskutiert. Wenn überhaupt, passiert das vorher, und das ist extrem selten. Wer mich kontak-

tiert, ist in der Regel von der Qualität meiner Arbeit überzeugt und stellt den Preis nicht in Frage. Ich versuche mir
nicht anmerken zu lassen, wie sehr mich das jetzt nervt,
und lächele freundlich.

»Ja, was ist denn damit?«

»Also versteh uns bitte nicht falsch, aber wir haben da
noch ein anderes Angebot. Ein DJ, der auch Fotograf ist.
Der will die Musik und die Fotos für uns machen.«

Ich bin sprachlos und weiß nicht, was ich dazu sagen
soll. Ich starre Tim einfach nur an. Er windet sich wie ein
Aal auf meinem Sofa, ehe er fortfährt: »Na ja, und der
macht das beides zusammen für 450 Euro. Da wollten
wir mal fragen, ob du uns noch etwas entgegenkommen
kannst.«

Ich vernehme da drei Informationen, die überhaupt
nicht zusammenpassen. Ich höre DJ, ich höre Fotograf
und ich höre 450 Euro. Aber was hat das miteinander zu
tun? Ich muss das Gehörte einen Moment sacken lassen, ehe ich zusammenfasse: »Also, dieser Mensch legt für
Euch Musik auf und macht alle Hochzeitsfotos, und das
bietet er für insgesamt 450 Euro an?«

Tim und Cora nicken und sehen mich erwartungsvoll
an.

Es gibt wohl in jedem Beruf Momente, in denen einen
alle Professionalität nicht vor den Reaktionen des eigenen Körpers schützen kann. Ich fange schallend an zu lachen, und die beiden zucken erschrocken zusammen. Es
dauert eine Weile, bis ich mich wieder einigermaßen gefangen habe. Ich nehme meine Brille ab und wische mir
über die Augen.

»Sorry, ihr beiden. Sagt mal, habt Ihr ihn denn vielleicht auch gefragt, ob er für einen kleinen Aufpreis gleich
noch die Cocktails mixt?«

Sie verstehen den Scherz nicht und schütteln nur die Köpfe. Ich ergänze: »Na, dafür sollte er doch noch genug Zeit haben, während er den einstündigen Wolfgang-Petry-Megamix durchlaufen lässt.«

Sie verziehen keine Miene. Die meinen das tatsächlich ernst! Sie scheinen nicht einzusehen, dass ein solcher Anbieter *weder* als DJ *noch* als Fotograf etwas taugen kann. Es sind zwei anspruchsvolle Berufe, die jeder für sich volle Konzentration und handwerkliches Geschick verlangen. Dass überhaupt jemand so dreist ist, eine solche Kombination anzubieten, ist absurd. Und noch dazu zu einem Preis, der in beiden Branchen ein schlechter Witz ist. Ich unternehme einen letzten Versuch, es ihnen klarzumachen:

»Würdet Ihr zu einem Zahnarzt gehen, der billiger ist als alle anderen und der Euch bei der Wurzelbehandlung auch gleich noch den Blinddarm rausnimmt? Glaubt Ihr allen Ernstes, dass so jemand etwas taugt? Ihr braucht auf jeden Fall zwei professionelle Spezialisten für jede einzelne Aufgabe. Und die haben ihren Preis, wenn sie Qualität bieten.«

Das Gespräch geht noch eine Weile hin und her. Natürlich bleibe ich bei meinem Preis, und am Ende versprechen sie, es sich noch einmal zu überlegen. Ich sage ihnen zum Abschied, sie sollen mir innerhalb von sieben Werktagen Bescheid geben. Obwohl ich eigentlich unter diesen Bedingungen schon gar keine Lust mehr habe, für die beiden zu arbeiten.

Zwei Tage später erhalte ich eine E-Mail, die mich informiert, dass sie sich für den anderen Anbieter entschieden haben. Gut so. Sollen sie mal sehen, wie weit sie mit ihrem Discount-DJ-Bildermacher kommen und ihre eigenen Erfahrungen sammeln. Meine Arbeit und die einer richtig guten Fotografin hätten sie sowieso nicht zu schätzen gewusst. Es tut mir nur leid für Cora, die sich so sehr auf ihren großen Tag freut. Ihr werden sicher die Tränen kommen, wenn ihr nach der misslungenen Feier verwackelte Bilder von einer leeren Tanzfläche vorgesetzt werden.

Bleibende Werte

So wichtig die Arbeit des DJs für den Verlauf der Feier ist, so bedeutend ist die Fotografin für die bleibende Erinnerung daran. Denn sie fängt die einmaligen Bilder dieses Tages ein. Wenn sie nicht genau im richtigen Augenblick mit der perfekten Einstellung auf den Auslöser drückt, gehen diese tollen Momente unwiederbringlich verloren oder werden optisch entstellt. Ich verwende für die Berufsbezeichnung übrigens bewusst die weibliche Form: Auf mindestens 80 Prozent der von mir betreuten Hochzeiten waren Frauen hinter den Kameras.

Im Gegensatz zur DJ-Branche ist es wesentlich schwieriger, die Kosten zu vergleichen. Denn viele Fotografinnen haben völlig unterschiedliche Arten der Abrechnung. Die einen geben Euch nach der Feier eine unsortierte DVD mit 600 bis 1000 Bildern. Andere bearbeiten für Euch eine kleinere Auswahl gründlich nach, und Ihr könnt später weitere Bilder nachbestellen. Auch die Einsatzdauer variiert beträchtlich und kann von wenigen Stunden bis zu einer ganzen Tagesdokumentation in die Nacht hinein reichen.

Vergleicht also bitte genau, welche Dienstleistung angeboten wird und was sie kosten soll. Generell gibt es auch in diesem Beruf eine Schmerzgrenze, unter der Ihr nicht mit einer guten Arbeit rechnen solltet. Kostet das kleinste Servicepaket (beispielsweise vier Stunden Einsatz mit 500 Bildern) weniger als 800 Euro, ist Vorsicht geboten. Denn die tatsächliche Arbeit dauert wesentlich länger. Nach der Feier ist eine gute Fotografin allein mit dem Auswählen aus Tausenden von Aufnahmen und mit der Bildbearbeitung mindestens zwei Tage lang beschäftigt. Dieser Zeitaufwand muss mit entlohnt werden. Aber auch hier gilt wieder: Wird Euch eine preiswertere Anbieterin von vertrauenswürdigen Menschen empfohlen, macht auch sie sicher einen guten Job. Gerade begabte Fotografinnen am Anfang ihrer Karriere tasten sich langsam in die Gagenbereiche hinein, von denen wir hier sprechen.

Einen großen Vorteil gegenüber den Homepages von DJs bieten die Präsentationen der Fotokunst im Internet. Die Beispielbilder auf der Website geben Aufschluss über den Geschmack und die Fähigkeiten der jeweiligen Fotografin. Was aber mindestens genauso wichtig ist wie das technische Know-how sind die zwischenmenschlichen Qualitäten. Denn diese Person wird Euch an dem schönsten Tag Eures Lebens stundenlang begleiten. Die besten der Branche sind in der Lage, dabei nahezu unsichtbar zu wirken. Stets freundlich und ohne die Gäste zu stören machen sie sensationelle Bilder, ohne dass es jemand bemerkt. Dadurch wirken die fotografierten Menschen ganz natürlich, und der Eindruck ist viel realistischer, als wenn mit gestellten Motiven gearbeitet wird.

Natürlich gibt es einige Situationen, in denen die Fotografin klare Ansagen machen muss, beispielsweise bei Gruppenfotos mit der gesamten Hochzeitsgesellschaft. Hierbei ist Charme bei gleichzeitiger Durchsetzungsfähigkeit gefragt. Eine zu schüchterne Person wird eine Menge von

50 bis 100 Menschen nicht dazu bekommen, gleichzeitig in die Kamera zu schauen und zu lächeln. Verschafft Euch also beim Vorgespräch einen Eindruck, mit wem Ihr es zu tun habt.

Besonders wichtig sind natürlich Eure persönlichen Paarbilder als Brautleute, und um hier gute Ergebnisse zu erzielen, solltet Ihr dafür, wie bereits in einem früheren Kapitel erwähnt, mindestens eine Stunde einplanen. Idealerweise nutzt Ihr die Zeit, die den Gästen nachmittags zur freien Verfügung steht – sofern das in Euren Zeitplan passt. Eine andere Möglichkeit ist, die Bilder zu machen, während sich die Gäste auf dem Empfang in der Location aufhalten. Auch eine Fotosession noch vor der Trauzeremonie ist mittlerweile nicht unüblich, weil viele Brautpaare sich nach dem Jawort voll auf ihre Gäste konzentrieren möchten. Falls Ihr Euch für besonders zur Nervosität neigende Menschen haltet, solltet Ihr hiervon jedoch wohl besser absehen. Denn vor der Zeremonie werdet Ihr dann sicherlich so angespannt sein, dass Ihr auf den Bildern nicht locker und gelöst wirkt.

Wie gesagt solltet Ihr mit der Fotografin auf jeden Fall vorab besprechen, wo Ihr Eure Paarbilder machen wollt, sollte es regnen. Wenn es richtig stressfrei sein soll, könnt Ihr für die Bilder auch einfach einen zusätzlichen Termin ein paar Tage später vereinbaren. Vielleicht freut sich die Braut sogar darüber, ihr schönes Kleid ein zweites Mal zu tragen. Dann könnt Ihr die Fotosession ohne Zeitdruck richtig genießen und Euch wie echte Models fühlen.

Natürlich hat es seinen Preis, wenn eine Fotografin bis in die Nacht hinein auf der Feier bleibt und auch Bilder von der Party macht. Für eine komplette Tagesdokumentation sind Honorare zwischen 1200 und 2000 Euro üblich. Gerade abends kann jedoch ein Profi deutlich bessere Ergebnisse erzielen als ein Laie. Denn wenn das Kerzenlicht und die bunte Beleuchtung auf der Tanzfläche stimmig mit eingefangen werden sollen, ist ein gekonnter Umgang mit der Belichtungszeit und indirektem Blitz entscheidend.

Falls Euch die Kosten aus dem Ruder laufen und die Partybilder für Euch nicht so wichtig sind, bucht die Fotografin am besten nur bis zum Beginn des Dinners. Während des Essens werden sowieso kaum Schnappschüsse gemacht, da kauende Gäste alles andere als fotogen sind. Das heißt, die Fotografin hätte dadurch einen unproduktiven Leerlauf bis zum Eröffnungstanz.

Bestimmt habt Ihr unter den Gästen Freunde, die eine ordentliche Kamera besitzen und gern fotografieren. Bittet sie doch ganz unverbindlich, die professionelle Fotografin auf der Abendfeier abzulösen und die wichtigsten Momente einzufangen. Natürlich ohne Erwartungsdruck, denn die Betreffenden sollen ja auch als Gäste ihren Spaß haben. Wenn Ihr mehrere Fotobeauftragte bestimmt, werdet Ihr bestimmt zusätzlich tolle Impressionen von der Feier erhalten.

In den leltzten Jahren erfreuen sich sogenannte Photo Boothes zunehmender Beliebtheit. Dort können Gäste Schnappschüsse von sich selbst machen, mit spaßigen Kostümen und Accessoires. Das kann durchaus ganz nett sein, um Leerlaufzeiten am Nachmittag unterhaltsam zu überbrücken. Allerdings sollte das vor Eröffnung der Tanzfläche abgebaut werden. Getreu dem Rat auf Seite 197: »Haltet Eure Schäfchen beisammen«. Wenn gefeiert und getanzt werden soll, ist ein Nebenschauplatz kontraproduktiv. Daher solltet Ihr auch eine durchgängige Diashow mit Bildern vom Tag vermeiden. Sonst stehen ständig Gäste herum und glotzen, anstatt Party zu machen.

Die 5 schlimmsten Fehler einer Hochzeitsfotografin:

- Nicht erscheinen oder zu spät erscheinen

- Unschöne Fotos machen

- Genervt oder unfreundlich im Raum herumstehen und alle Gäste stören

- Verlust von Bildern durch defekte Technik ohne Sicherungskopie

- Bei Gruppenfotos und sonstigen Aktionen keine klaren Ansagen machen

Teil 5

Die Location, der Schauplatz der Feier

Sünde 21: Schlechter Start

Empfang zum Totentanz

Sommer in Hamburg: Dunkle Wolken brodeln am Himmel, und feine Tröpfchen nieseln unaufhörlich herunter. Der nebelartige Regen wird vom Wind gleichmäßig verteilt, er kriecht selbst unter Bäume und Schirme. Man kann ihm einfach nicht entkommen. Dass Dominique und Boris an ihrem Hochzeitstag so ein deprimierendes Wetter erwischt haben, tut mir wirklich leid. Aber andererseits habe ich schon viele verregnete Feste erlebt, die großartig waren. Und die Party findet ja nicht im Freien statt, sondern in einem schön geschmückten Festsaal.

Zumindest hoffe ich, dass er schön ist. Denn diese zum Restaurant ausgebaute Stadtvilla in einem gepflegten Park nahe der Elbe kenne ich noch nicht. Ich weiß allerdings, dass sie teuer ist, und gehe aus diesem Grund von hoher Qualität aus. Satte 130 Euro müssen Dominique und Boris pro Person zahlen, und das läppert sich bei 63 Gästen. Da darf man wirklich etwas erwarten.

Ich komme um 17 Uhr an: Wie immer bin ich pünktlich eine Stunde vor dem Eintreffen der Gäste da, damit ich genügend Zeit habe, um in Ruhe mein Equipment auszuladen und im Festraum aufzubauen. So hatte ich es mit der Bankettleiterin vorher telefonisch abgesprochen. Als ich das Restaurant betrete, bekomme ich einen kleinen Schreck: Die Servicekräfte sind noch fleißig beim Räumen und Schmücken. Im Speisesaal sind lediglich die Tischdecken vorbereitet, sämtliches Besteck und die Weingläser werden jetzt erst mit hektischen Bewegungen platziert. Mich wundert, dass sich jeder besonders Mühe zu geben scheint, keinen Lärm zu machen. Wie bei einem TV-Bild ohne Ton herrscht gespenstische Ruhe. Niemand beachtet mich.

Nach einigem Suchen entdecke ich eine brünette Dame Anfang 40, zu der die Stimme vom Telefon passen könnte. Ich gehe zu ihr hin und sage: »Guten Tag, sind Sie Frau Moltke? Wir hatten telefoniert.«

Als erste Reaktion hebt sie den Zeigefinger an die Lippen und zischt: »Pscht!« Das nenne ich mal eine nette Begrüßung, sofort das Wort verboten zu bekommen! Da sie von sich aus keine Anstalten macht, das Gespräch aufzunehmen, fahre ich mit gesenkter Stimme fort: »Mein Name ist Thomas Sünder. Ich bin der DJ für die Hochzeit von Herrn und Frau Geibel. Bin ich hier im richtigen Raum?«

Sie flüstert: »Nein, die Tanzfläche ist nebenan. Aber da können Sie noch nicht rein. Da findet gerade eine Trauerrede statt.«

Ich meine mich verhört zu haben und frage noch mal nach. Sie erklärt: »Da ist eine Totenehrung, und Sie können erst rein, wenn die Gedenkrede beendet ist. Wenn alle Trauergäste gegangen sind, öffnen wir die Schiebewand und machen aus den beiden separaten Räumen einen großen. Der Sektempfang findet dann drüben an Stehtischen statt.«

»Und wann wird das sein? Ich muss mein gesamtes Equipment noch reinbringen und aufbauen.«

Je länger ich mit ihr rede, desto genervter wirkt sie. Als würde ich sie ungerechtfertigterweise stören. Dabei will ich doch nur meinen Job machen, so wie es mit dem Brautpaar vereinbart ist. Dass ich als DJ erst mal behandelt werde wie ein unerwünschter Eindringling, bin ich leider von vielen hochnäsigen Locations gewohnt. Aber hier geht es nicht um mich, sondern um den stimmungsvollen Auftakt der Feier von Dominique und Boris. Deshalb lasse ich mich nicht so schnell abwimmeln. Ich muss meine Gerätschaften aus dem Auto da reinschaffen, und je mehr Zeit vergeht, desto schwieriger wird es. Schließlich will ich die Gäste beim Empfang nicht damit nerven, zwischen ihren Füßen Kabel zu verlegen.

Nach einer kleinen Auseinandersetzung im Flüsterton einigen wir uns schließlich darauf, dass ich meine Technik von der Rückseite des Hauses schon mal in den hinteren Flur direkt neben dem betreffenden Raum schaffe. Dann kann ich sofort loslegen, sobald er frei wird. Selbstverständlich weist Frau Moltke nochmals darauf hin, dass ich doch bitte leise zu sein habe. Na klar. Ich will ja nicht die Toten in diesem Geisterhaus aufwecken.

Die Anlieferung durch den Garten ist eine Strapaze. Die Strecke ist nämlich wesentlich weiter als durch den Haupteingang vorne, und der erdige Weg macht das Rollen meiner Bassbox unmöglich. Ich muss das 40 Kilo schwere Stück tragen. Zwar bin ich durch eine Regenjacke geschützt, aber der feine Regen vernebelt meine Brillengläser, und meine helle Chinohose klebt bald wie ein nasser Sack an meinen Beinen. Meine nagelneuen schwarzen Sneaker sehen schon nach wenigen Metern aus, als hätte ich an einem Waldlauf teilgenommen. So viel zum Thema gepflegtes Erscheinungsbild des DJs. Ich konnte ja nicht ahnen, dass man mich durchs Gelände

scheuchen würde, sonst wäre ich erst mal in meine Frei-
zeitklamotten geschlüpft und hätte mich dann umgezo-
gen. Hoffentlich finde ich vor dem Eintreffen der Gäste
noch Zeit, mir den gröbsten Dreck von der Kleidung zu
fegen und mich frisch zu machen.

Doch daraus wird wohl nichts: Gerade als ich die letzte
Tasche aus dem Auto wuchte, fährt auf dem Parkplatz
eine hupende Kolonne vor. Ein Blick auf die Uhr verrät
mir, dass die Ankunft der Gäste 40 Minuten zu früh stattfindet. Vermutlich hat der Regen die geplanten Gruppenfotos und die Gratulation vor der Kirche unmöglich gemacht.

Na bravo, denke ich. Drinnen eine Totenehrung, die
durch Hupen gestört wird. Draußen eine ahnungslose
Hochzeitsgesellschaft, die wahrscheinlich gleich einen
mächtigen Dämpfer erhalten wird. Wieso mussten die Betreiber des Restaurants die beiden Veranstaltungen zeitlich so dicht aufeinander takten? Diese völlig unprofes-
sionelle Arbeitsweise steht in krassem Kontrast zu dem
hohen Preis, den sie verlangen. Man könnte doch erwarten, dass bei einem gastronomischen Umsatz von über
8000 Euro eine Hochzeitsgesellschaft so behandelt wird,
wie sich das gehört. Aber stattdessen siegt mal wieder die
Raffgier, und es wird vorab schnell noch eine Trauerfeier
abgehalten, die auch noch mal ein paar hundert Euro in
die Kasse bringt.

Stinksauer stapfe ich mit meiner Tasche durch den Regen ins Restaurant zurück und hoffe inständig, dass die
morbide Zeremonie da drinnen bald vorbei ist. Wenn ich
beim Eintreten der Gäste noch beim Aufbau bin, wird
es aussehen, als sei ich zu spät gekommen. Durchnässt
stehe ich neben meinem gestapelten Equipment in dem
schmalen Gang direkt vor der geschlossenen Tür zum

Raum des Todes. Aus der Küche hinter mir quillt beißender Geruch von angebratenen Zwiebeln, von dem mir die Augen tränen. Das Aroma setzt sich natürlich sofort in der feuchten Kleidung fest. Ich werde also nicht nur aussehen wie ein Waldschrat, sondern auch wie einer riechen.

Da sich von Anfang an kein Mensch um mich gekümmert hat, gehe ich nicht von einer rechtzeitigen Benachrichtigung durch das Personal aus. Daher presse ich mein Ohr an die Tür, um zu hören, was dahinter geschieht. Ich kann nur leises Stimmengemurmel ausmachen. So stehe ich bestimmt 15 Minuten herum, dann sind endlich sich bewegende Stühle und andächtiges Getrampel zu hören. Ich warte noch einen Moment, bis Ruhe eingekehrt ist. Vorsichtig öffne ich die Tür. In dem relativ kleinen Raum stehen viele Stühle, die nun vom Personal gestapelt und anschließend rausgeschafft werden. Natürlich genau durch den Ausgang, neben dem mein ganzes Material steht. Während ich die Technik rein- und sie die Stühle raustragen, müssen wir einander immer wieder ausweichen. Alle sind hektisch, denn die Uhr tickt, und eigentlich soll um sechs Uhr die Schiebewand geöffnet werden – also in einer Viertelstunde! Man lässt mich deutlich spüren, wie sehr ich hier allen im Weg bin. Ich spüre aggressive Schwingungen, obwohl ich überhaupt nichts für die stressige Situation kann.

Mein Puls trommelt in meinen Schläfen, doch ich werde meinen Ärger herunterschlucken müssen. Die Brautleute und ihre Gäste dürfen nichts von der katastrophalen Stimmung hinter den Kulissen merken. Ich werde zumindest äußerlich auf gute Laune umschalten müssen. Das gehört zu den Dingen, die man als Profi beherrschen muss. Natürlich sollen die Leute nicht vom persönlichen

Befinden eines Dienstleisters beeinträchtigt werden. Speziell als DJ und damit Stimmungsmacher Nummer eins gilt es, Fröhlichkeit zu verbreiten und alle negativen Faktoren von den Kunden abzuhalten. Da ist es völlig egal, wie herablassend einen die Gastronomie behandelt oder welche privaten Sorgen man vielleicht gerade zu verkraften hat. Die Brautleute haben an ihrem großen Tag auch weiß Gott anderes zu tun, als sich um irgendwelche technischen oder organisatorischen Belange zu kümmern.

Wie ein Wirbelwind verlege ich Kabel und stöpsele meine Technik zusammen. Der Schweiß brennt in meinen Augen. Doch so sehr ich mich beeile, das ist unmöglich in so kurzer Zeit zu schaffen. Um fünf Minuten vor sechs entschließe ich mich, die Bankettleiterin um einen kurzen Aufschub zu bitten. Doch zu meinem Entsetzen wird genau in diesem Moment die Schiebewand bereits geöffnet. Niemand vom Service kam vorher auf die Idee nachzusehen, wie weit ich bin, oder mich einfach mal zu fragen, wie lange es noch dauert. Dabei bin ich längst nicht damit fertig, meine Technik einzurichten. Während draußen alle Tische auf den letzten Drücker fertig gedeckt wurden, stehe ich vor aller Augen zerknittert und durchnässt zwischen Kabeln, Taschen und unbestückten Lautsprecherstativen. Es läuft keine Musik. Der stimmungsvolle Auftakt zum Empfang ist futsch. Ich wünschte, ich könnte mich unsichtbar machen. Leider gibt es niemals eine zweite Chance, einen ersten Eindruck zu hinterlassen. Weder für mich noch für das Brautpaar.

Überlasst nichts dem Zufall

Viele Dinge, die eigentlich gar nichts mit Eurem Fest zu tun haben, können einen negativen Einfluss haben. Dazu zählt vor allem, was in Eurer gewählten Location direkt vor der Feier geschieht. Im Beispiel eben habt Ihr erlebt, dass man Dominique und Boris nicht über die Totenehrung informiert hatte. Ebenso wenig war die Gastronomie auf einen verfrühten Start bei Regen vorbereitet. Dass dann auch noch ein DJ in die Quere kommt, der eine halbe Stunde benötigt, um seine Technik aufzubauen, hatte keiner bedacht. Und das, obwohl ich mich telefonisch angekündigt hatte.

Fragt also Euren Gastronom gezielt danach, was vor der Feier in der Location passieren wird und wann alles fix und fertig vorbereitet ist. Mindestens eine Stunde vor dem Empfang sollte alles stehen, besser zwei Stunden vorher. Willkommensdrinks mit und ohne Alkohol, beispielsweise Sekt und Saft, sollten 30 Minuten vor dem geplanten Eintreffen der Gäste startklar sein. Das heißt, sie sollten noch nicht eingeschenkt herumstehen und womöglich schal werden, aber zumindest müssen die Gläser vorbereitet und die Flaschen griffbereit sein. So kann im Fall eines verfrühten Eintreffens das Personal schnell reagieren und jeden Gast gleich mit einem gekühlten Getränk empfangen. Das Gleiche gilt natürlich für Fingerfood, falls Ihr Snacks zur Begrüßung einplant.

Zu den weiteren Faktoren, die den Auftakt vermiesen können, gehören tagegleich laufende Großevents. In Hamburg gibt es vor allem im Sommer enorme Menschenaufläufe bei Volksfesten wie Hafengeburtstag, Schlagermove, Radrennen oder Stadtteilfestivals. Events vergleichbarer Größenordnung finden in vielen Städten statt. Das kann die Anfahrt zu Eurer Location massiv erschweren, und eventuell muss der Zeitplan diesbezüglich angepasst werden. Auch die Parkplatzsituation kann schwierig sein. Gerade bei einer klassischen Pkw-Kolonne für die Fahrt von der Kirche zum Ort der Feier ist Stress vorprogrammiert, wenn in einem teilgesperrten Bereich auf einen Schlag 30 Parkplätze gesucht werden müssen.

Klärt im Vorfeld, ob und welche Großevents am Tag Eurer Feier stattfinden. Auch auf Straßenbaustellen solltet Ihr die Umgebung prüfen, beispielsweise mit gezielter Internetrecherche. Fragt bei Bedarf beim Ordnungsamt, welche Straßen oder Bezirke gesperrt sind und wie die Parkplatzsituation geregelt ist. Im Zweifelsfall solltet Ihr eine Anfahrt in einem gecharterten Bus organisieren, der Eure Gäste direkt vor dem Hotel oder an einem gut erreichbaren Sammelpunkt aufnimmt. Schließlich wollt Ihr Euren Lieben nicht die Laune verderben, ehe die Feier überhaupt angefangen hat.

Der Empfang vor der Feier sollte übrigens nicht länger als eine Stunde dauern, sonst kehrt Langeweile ein. In der Regel findet er nicht im Festsaal statt, sondern in einem Vorraum oder bei schönem Wetter im Freien. Ihr solltet in jedem Fall gut sichtbar einen Übersichtsplan für den Feierraum anbringen, auf dem die Sitzordnung festgehalten ist. Die meisten Locations haben eigens dafür entsprechende Tafeln oder Stellwände. Falls nicht, könnt Ihr beispielsweise eine große Pappe in einer zur Dekoration passenden Farbe verwenden.

Auf dem Plan braucht Ihr nur die Namen der Gäste den einzelnen Tischen zuzuordnen, eine genaue Platzzuweisung ist nicht nötig. Durch diese Übersicht vermeidet Ihr, dass alle nach dem Betreten des Festsaals erst mal um jeden Tisch herumlaufen müssen, um ihren Platz zu finden. Speziell bei großen Feiern kann das sonst sehr chaotisch werden. Außerdem vermittelt die Übersicht, dass alles liebevoll geplant ist.

Besonders charmant ist es, wenn Ihr den Tischen Namen gebt. Das können beispielsweise regionale Namen sein, wie Tisch *München* oder Tisch *Elbe* für Personen aus der jeweiligen Gegend. Oder berühmte Persönlichkeiten, wie Tisch *Hans Albers* für ältere Gäste und Tisch *Jan Delay* für die jüngeren. Auch Stationen aus Eurem Leben könnt Ihr unterbringen, etwa den Namen der Bar, in der Ihr Euch kennengelernt habt. Die Benennung der Tische schafft beim Empfang Gesprächsstoff, und alle fühlen sich von Anfang an gut informiert.

Die 5 häufigsten Pannen beim Empfang:

- Zu frühes Eintreffen und kein Ausweichplan für Regen

- Schlechte Parkplatzsituation

- Zu spätes Eindecken, da in der Location bis kurz vorher eine andere Veranstaltung stattfindet

- Empfang dauert länger als eine Stunde und wird langweilig

- Erschwerte Anfahrt durch Großevents oder Baustellen

Sünde 22: Überbewertung

Aus eins mach drei

Der Ausblick auf die Elbe bedeutet Elisa und Joaquin offenbar so viel, dass sie dafür ihr letztes Hemd hergeben würden. Die beiden haben sich für ihre Hochzeitsfeier ein sehr schön gelegenes und wahnsinnig teures Restaurant ausgesucht. Zwar dürfen sie ihre eigenen Getränke mitbringen, die sie für einen sehr guten Einkaufspreis von einem Großhändler beziehen. Allerdings verlangt das Restaurant pro Flasche Wein allein für das Entkorken 25 Euro. Und richtig heftig wird es beim Schnaps, für den 50 Euro je Flasche fällig sind.

So genanntes Korkengeld für Fremdgetränke ist durchaus üblich, um den Gewinnausfall der Gastronomie auszugleichen. Aber in dieser astronomischen Höhe ist mir das noch nie begegnet. Bei einer Feier mit 80 Gästen dürfte allein der Wein mit über 1000 Euro zu Buche schlagen. Und der Witz dabei ist: Selbst das wird immer noch günstiger als der Wein des Hauses! Sehr fragwürdig erscheint mir dabei das kulinarische Konzept des Restaurants, eine Mischung aus italienischen Gerichten und chinesischer Küche. Eine Vorspeise kostet so viel wie andernorts das Hauptgericht. Ich habe dem Brautpaar im Vorgespräch einige adäquate Restaurants genannt, doch

177

sie waren nicht von ihrem Plan abzubringen. Es musste dieses Lokal sein, weil man da ja so ein tolles Panorama vor Augen hat. Andere Locations mit vergleichbarem Ausblick waren ihrer Meinung nach nicht mehr frei.

Na gut, denke ich, wenigstens haben sie dafür nicht beim DJ gespart und sich für mich entschieden. Ich freue mich natürlich auch immer darauf, in einem geschmackvollen Ambiente zu feiern. Doch als ich eine Stunde vor der Feier auf dem kleinen gepflasterten Parkplatz vorfahre, bekomme ich einen Riesenschreck. Dort steht ein Transporter mit der neongelben Aufschrift: Musikteam Hamburg – DJs, Events, Technik. Bin ich am falschen Tag hier? Haben Elisa und Joaquin doch einen anderen DJ engagiert? Ist mir irgendetwas entgangen?

Verwirrt steige ich aus und wende mich an den Kollegen, der vom Restaurant zur offenen Ladetür läuft. Er trägt einen gut sitzenden Anzug und dazu farblich passende Turnschuhe, die ihn eindeutig als DJ identifizieren. Schließlich arbeiten wir in unserer Branche oft acht Stunden oder länger im Stehen und sind bis zu 16 Stunden am Stück pro Veranstaltung unterwegs, so dass wir unserer Gesundheit zuliebe bequemes Schuhwerk bevorzugen. Das kann uns so manchen Besuch beim Orthopäden oder die Physiotherapie für einen verkorksten Rücken ersparen.

»Hallo, ich bin DJ und soll hier bei der Hochzeit Rodriguez auflegen. Du doch nicht hoffentlich auch?«

Er lacht. »Nein, ich bin hier für die Hochzeit Müller, die im Nebenraum stattfindet.«

Ich bin irritiert. Dass hier am selben Tag noch eine zweite Hochzeitsfeier über die Bühne gehen soll, hatte das Brautpaar nicht erwähnt. Ehe ich weiter darüber nachdenken kann, ertönt hinter uns ein Hupen. Ein silberner

Kombi kommt nicht an meinem Wagen vorbei, den ich rasch in zweiter Reihe mit Warnblinker abgestellt hatte. Mit einer entschuldigenden Geste eile ich zu meinem Auto und sehe im Laufen die Aufschrift auf dem Kombi: DJ Soundsystem Hamburg – Partys, Events, Hochzeiten. Langsam komme ich mir vor wie auf einer Tagung von Discjockeys.

Ich suche einen Parkplatz in der Nähe, und mit dem ersten Schwung Material aus meinem Kofferraum begegne ich dem dritten DJ. Ich stelle mich kurz vor. Er klärt mich darüber auf, dass er für die Hochzeit von Meinekes gebucht ist. Er ist genauso überrascht wie ich darüber, dass hier mehr als eine Feier stattfindet.

Bis jeder von uns im Haus seinen Platz gefunden hat, geht es etwas chaotisch zu. Alle wollen ganz sicher sein, nicht auf dem falschen Fest zu stehen. Unbehaglich begutachte ich die faltbare Trennwand, die mich von Herrn DJ Soundsystem trennt. Ein paar Zentimeter Holz sollen den Schall von zwei Partys voneinander abhalten? Dass ich nicht lache. Herr Musikteam ist glücklicherweise auf der anderen Seite des Flurs platziert.

Das Durcheinander geht weiter, als zwei der Hochzeitsgesellschaften gleichzeitig eintreffen. Im Foyer des Restaurants mischen sich die beiden Gruppen, und keiner weiß mehr so richtig, wo er hingehört. Kaum hat sich das etwas aufgelöst und auf zwei Festräume verteilt, trifft die dritte Gruppe ein. Das Personal ist völlig damit überfordert, auf einen Schlag so viele Gäste zu betreuen, und alles zieht sich in die Länge.

Als jede der drei Gesellschaften in den richtigen Räumen gelandet ist, entspannt sich die Situation, und ich atme auf. Doch meine Erleichterung ist nur von kurzer Dauer. Wenig später ertönt nämlich aus dem Nichts eine dumpfe, aber laute Stimme. Ich glaube zunächst an eine Fehlfunktion meiner Musikanlage. Tatsächlich dringt besagte Stimme aber durch die dünne Trennwand. Wir hören die Begrüßungsrede eines uns völlig unbekannten – und nicht zu uns gehörenden – Bräutigams im Nachbarraum.

Als kurz darauf bei uns Joaquin seine Rede hält, wird drüben der erste Gang aufgetischt. Klirren von Geschirr und lautes Gemurmel überdecken seine gefühlvollen Worte. Man kommt sich vor wie in einer Großkantine.

So geht es den ganzen Abend lang weiter: Zeitversetzte Reden, mal hier, mal dort. Alles bei einer Grundlautstärke, die überhaupt nicht zum festlichen Anlass passt. Richtig nervtötend wird es, als Herr Musikteam gegenüber den Eröffnungstanz einleitet. Zwar trennt uns der Flur, doch die Discobässe wummern satt herüber. Wir sind allerdings erst beim Dessert. Als wir endlich die Party starten, ist uns Herr DJ Soundsystem nebenan schon zuvorgekommen. Die haben *Que Sera* von Doris Day als Eröffnungstanz gewählt. Interessant. Bei uns geht es um 22 Uhr los mit *When I Need You* von Leo Sayer. Wann kommt man schon mal dazu, die Arbeit eines Kollegen live mitzuerleben?

Übrigens ist die Sonne um 21 Uhr untergegangen, und von dem tollen Ausblick sieht man seitdem gar nichts mehr. Dafür kommen die Gäste nun in den zweifelhaften Genuss von drei Partys statt einer ...

Es ist egal, wo Ihr feiert – aber bleibt unter Euch!

Regelmäßig setzen Brautpaare bei der Planung ihrer Feier völlig falsche Prioritäten. Um eine schöne Location zu ergattern, werden die größten Opfer gebracht. Seien es horrende Kosten, das Verschieben des Termins oder Einschränkungen im Service. Vielleicht wird Euch das überraschen, aber aus Erfahrung weiß ich: Selbst das edelste Ambiente mit dem tollsten Ausblick hat nicht den geringsten Einfluss darauf, ob Euer Fest gelingt.

Ihr glaubt das nicht? Lasst Euch berichten, dass ich stinklangweilige Feiern in den schicksten Gourmetrestaurants und Sternehotels erlebt habe, wo für geschlossene Gesellschaften mal eben ein Mindestverzehr von 30 000 Euro berechnet wurde. Nach zu vielen Reden und Beiträgen gingen die ersten Gäste schon kurz nach Mitternacht, weil es so öde war.

Andererseits habe ich ausgelassene, emotionale Feste in einfachen Landgasthöfen und in selbst geschmückten Bürgerhäusern begleitet, wo für ein rustikales Buffet inklusive Getränkepauschale pro Gast unter 70 Euro Kosten anfielen. Trotz bescheidener Ausstattung rockten Jung und Alt gemeinsam bis in den frühen Morgen, und es war die pure Lebensfreude. Offensichtlich war hier die Planung wesentlich besser, obwohl auf Luxus verzichtet wurde.

Ein hochwertiges Flair schadet sicher nicht, aber es ist eben keine Garantie für ein mitreißendes Fest. Konzentriert Euch also am besten von Anfang an auf das Wesentliche: Auf die Menschen, die feiern! Die Gäste sollen gemeinsam tanzen, lachen und Spaß haben. Ihr könnt sicher sein, dass die Leute davon noch jahrelang sprechen werden – während sich kein Mensch dann noch dafür interessieren wird, was es zu essen gab und ob die Stühle mit seidenen Hussen für zehn Euro Miete pro Stück verhüllt waren.

Elisa und Joaquin im Beispiel eben haben mehr Wert auf das Panorama als auf die Dramaturgie ihres Festes gelegt. Viel wichtiger als der Blick auf die Elbe wäre es gewesen, nicht von zwei weiteren Feiern gleichzeitig beeinträchtigt zu werden. Da ich die Hochzeitsgäste persönlich erlebt habe, unterstelle ich mal: Mit ihnen hätte man selbst in einem geschmückten Kleingartenvereinsheim wesentlich fröhlicher und länger feiern können. Das Partypotenzial war da, bloß wurde die Stimmung immer wieder von außen gestört.

Die größte Schuld daran haben übrigens nicht die Gastgeber, sondern die Betreiber des Restaurants. Sie hätten niemals zwei Feste nur durch eine Klappwand trennen dürfen. Ich habe dem Brautpaar danach empfohlen, die Zahlung zu kürzen. Ihnen wurde nicht der versprochene intime Rahmen geboten, und sie wurden falsch beraten. Die Betreiber mussten daraufhin zähneknirschend auf einen Teil ihrer sowieso völlig übertriebenen Bezahlung verzichten. Leider war dies aber nur ein schwacher Trost nach einer sehr mäßigen Feier, die viel mehr hätte sein können.

Gerade wenn Ihr ein begrenztes Budget habt, solltet Ihr am besten an der Location sparen. Sichert Euch zuerst gute Dienstleister, also DJ, Caterer und Fotograf. Bei deren Wahl solltet Ihr keine Kompromisse machen. Ihre Leistung ist viel wichtiger als der Austragungsort der Feier. Vorausgesetzt, der Festraum erfüllt bestimmte Kriterien, die Ihr in den folgenden Kapiteln erfahren werdet.

So viel vorab: Egal ob Ihr Euch für eine teure Location oder eine preiswerte Lösung entscheidet, wichtig ist, dass Ihr und Eure Gäste ungestört bleibt. Im Idealfall habt Ihr den gesamten Laden ganz alleine für Euer Fest. Fremdpublikum sollte abgehalten werden. Es ist äußerst unromantisch, wenn sich Eure Gäste irgendwann an einer öffentlichen Bar mit Leuten mischen, die Ihr gar nicht kennt.

Leider verschweigen Locations solche Bedingungen gern, um Kunden nicht abzuschrecken. Fragt also gezielt danach und bleibt beharrlich, falls man Euch ausweichend antwortet. Ihr solltet ein genaues Bild davon haben, was während Eurer Feier sonst noch so im Hause passiert. Wenn die Gastronomie keine Abschirmung von äußeren Störungen garantieren kann, sucht lieber nach einer gemütlichen Alternative.

5 Tipps für preiswerte Locations:

- Landgasthof außerhalb der Stadt

- Vereinsheim

- Zu Hause (muss beim Ordnungsamt angemeldet und die Nachbarn sollten informiert werden)

- Bürgerhaus

- Firmengebäude

Sünde 23: Falsche Anteilnahme

Flüsterparty mit Hausverbot

Eine sommerliche Feier in einem Beachclub in Hamburg Bergedorf: Das hört sich zunächst wie eine sehr gute Idee an. Zumal der Betreiber mit über 1100 durchgeführten Hochzeiten wirbt. Das Ganze soll in einem Zelt stattfinden, und die Brautleute teilen mir mit, ich müsse die dort fest installierte Musikanlage verwenden. Klar, dass ich sofort den Verantwortlichen anrufe und frage, welche Technik ich dort vorfinden werde. Überraschenderweise erklärt mir der Geschäftsführer Herr Papp lediglich:

»Da sind ein Mischpult und Boxen.«

Aha. Sehr informativ. Weder kann er mir sagen, um welche Marke es sich handelt, noch welche Leistung die Anlage hat. Das ist ungefähr so, als wenn einem Rennfahrer mitgeteilt wird: Da steht ein Auto für Sie. Wir wissen zwar nicht, wie groß und schnell es ist, auch nicht, wie viele Räder es hat und ob es aufgetankt ist, aber es ist auf jeden Fall ein Auto.

Ich frage daraufhin gezielt nach, ob es eine Lautstärkebeschränkung gibt. Das ist bei Locations im Freien oder in Zelten häufig ein Problem, da die lieben Nachbarn den Schall ungebremst abbekommen. Herr Papp sagt, das Ordnungsamt würde den Pegel der Saalanlage einstellen.

Deshalb müsse ich diese auch auf jeden Fall verwenden und dürfe meine eigenen Lautsprecher nicht mitbringen. Ich frage natürlich sofort, wie viel Dezibel für die Lautstärke erlaubt sind. Das kann er mir auch nicht sagen. Das wäre aber kein Problem, man feiere dort ja ständig Hochzeiten, und es hätte nie Probleme mit der Lautstärke gegeben…

Ich gebe mir wirklich Mühe, dem Mann auf freundliche Weise die selbstverständlichsten Informationen zu entlocken. Das scheint ihn sauer zu machen, und sein Tonfall wird immer harscher. Er schafft es tatsächlich, keine einzige meiner Fragen zu beantworten. Schließlich wimmelt er mich unter einem Vorwand ab. Nach diesem merkwürdigen Telefonat habe ich kein gutes Gefühl und kontaktiere das Brautpaar Marlene und Olli. Ich schildere das Gespräch und muss ihnen leider mitteilen, dass ich keine Verantwortung für den Klang der Musikanlage im Beachclub übernehmen kann.

Als der große Tag gekommen ist, betrete ich die Bühne am Ende des hübsch geschmückten Zeltes. Neben der Musikanlage ist die Kopie eines Schreibens vom Ordnungsamt befestigt. Darin steht, dass die höchstzulässige Lautstärke, gemessen beim Nachbargrundstück, nicht mehr als 64 Dezibel betragen darf. Ich traue meinen Augen nicht. Das liegt nur knapp über einem Fernseher auf Zimmerlautstärke! Von einer Party kann man, je nach Veranstaltungsgröße, ab einer Lautstärke von 85 Dezibel sprechen.[10] Wenn in diesem Zelt aber mit einer solchen

---

[10] In Clubs und Diskotheken werden die Ohren der Besucher leider oft mit mehr als 100 Dezibel überfordert. Die Regulierung der Lautstärke gehört bei einem guten DJ zum Handwerk, und speziell bei einer Hochzeit sollten die Gäste auch während des Tanzens in der Lage sein, sich mühelos zu unterhalten. Ich bleibe auch bei größeren Feiern meistens unter 90 Dezibel.

Lautstärke gearbeitet würde, käme beim Nachbarn garantiert wesentlich mehr an als erlaubt.

Ich betrachte das Mischpult. Darüber ist ein so genannter Limiter angebracht. Das Ding ist eine Art Notbremse für die Lautstärke. Wann immer ein Signal über einen bestimmten Level geht, wird es automatisch auf den eingestellten Höchstwert runtergeregelt. Diesen Wert hat das Ordnungsamt festgelegt und dann das Gerät mit einer Metallplombe versiegelt. Ohne sie aufzubrechen, lässt sich die Höchstlautstärke nicht anheben, und damit würde ich mich strafbar machen. Wie laut wir heute werden dürfen, haben also die Behörden entschieden und nicht das Brautpaar. Davon wissen Marlene und Olli aber noch nichts.

Der Geschäftsführer Herr Papp kommt ab und zu herein, um nach dem Rechten zu sehen. Er trägt ein Poloshirt mit hochgeklapptem Kragen und duzt jeden. Das passt vielleicht zu einer coolen Strandbar im normalen Betrieb, aber nicht zu einer schicken Hochzeitsfeier.

Gegen 19 Uhr wird das Buffet eröffnet, und nachdem der erste Schwung der Gäste sich bedient hat, stelle ich mir einen Teller zusammen. Schließlich muss ich hier ja bis zum Schluss durchhalten, und mit leerem Magen ist das schwierig. Die Speisen sind wirklich okay, wenn auch nicht umwerfend. Für die hier veranschlagten Kosten von über 90 Euro pro Person habe ich zwar schon deutlich ausgefeiltere Küche erlebt, aber den Leuten schmeckt es ganz offensichtlich. Die meisten suchen das Buffet mehrfach auf. Während des Essens spiele ich wie immer entspannte Hintergrundmusik, und alles verläuft planmäßig. Ich bin allerdings irritiert, als nach zwei Stunden das Dessert angerichtet wird und die Hochzeitstorte fehlt. Ich spreche Herrn Papp darauf an. Seine unnachahmlich unfreundliche Art hat er nicht nur am Telefon drauf, sondern auch live: »Ach Quatsch. Die Torte gibt's um Mitternacht!«

Ich atme tief durch und versuche, freundlich zu bleiben: »Aber das Brautpaar möchte sie zum Dessert, und Sie haben vor drei Tagen deswegen extra noch eine E-Mail erhalten.«

Er schüttelt den Kopf. »Ich habe keine Mail bekommen, und außerdem muss man mich da anrufen.«

Der letzte Teil des Satzes ist für mich nicht nachvollziehbar, denn warum sollten Kunden ihrem Dienstleister hinterhertelefonieren? Es müsste genau umgekehrt sein! Ich spüre, dass ich auf Granit beiße, und packe einen Ausdruck des vom Brautpaar erstellten Ablaufplans aus. Im Gegensatz zu Herrn Papp pflege ich mich nämlich auf jede Veranstaltung gründlich vorzubereiten und habe alle wichtigen Informationen dabei. Ich zeige ihm, dass dort schwarz auf weiß steht: »Eröffnung des Dessertbuffets gegen 21 Uhr mit Anschnitt der Torte.« So, wie es für jede Abendfeier am sinnvollsten ist.

Absurd, aber wahr: Herr Papp glaubt es trotzdem nicht. Schlimmer noch, er wird richtig sauer. »Ich mache das jetzt seit fünfzehn Jahren, und es hat noch nie Torte zum Dessert gegeben. Das wirkt doch gar nicht, wenn's noch so hell ist.«

»Also gut, wenn Sie mir nicht glauben, dann fragen wir eben das Brautpaar.«

Ich sehe Panik in seinen Augen.

»Die können wir doch nicht ansprechen!«

Ich verstehe nur noch Bahnhof. Warum bitte sollen wir denn die Gastgeber nicht fragen, was sie wollen? Hat er vor, den ganzen Abend kein Wort mit ihnen zu wechseln? Es gehört doch zum guten Ton in der Gastronomie, dass man die Auftraggeber auch mal höflich fragt, ob alles zu ihrer Zufriedenheit ist.

Nach diesem merkwürdigen Wortwechsel wird mir das Ganze echt zu blöd, und ich gehe direkt zu Marlene und Olli. Die beiden betonen noch mal, dass sie die Torte wirklich zum Dessert möchten. Ich kehre zurück zu Herrn Papp, um ihm die Wünsche des Brautpaares mitzuteilen. Er muss sich geschlagen geben, blökt mich aber noch an, so eine blöde Idee könne doch nur von mir kommen. Torte zum Dessert, das hätte er ja noch nie gehört!

Nach dieser völlig unnötigen Auseinandersetzung mit dem Geschäftsführer läuft erst mal alles weiter wie geplant. Doch dann kommt der Eröffnungstanz mit der legendären Ballade *One* von U2. Ich wage es kaum, den Limiter anzusehen. Wie befürchtet blinkt er schon auf, als die Musik noch viel zu leise ist. Lauter geht es also nicht. Marlene und Olli lassen sich davon nicht beeindrucken und tanzen trotzdem tapfer über den Holzboden. Ihre Schuhsohlen sind genauso deutlich zu hören wie das Schlagzeug in dem Song.

Danach ist es mein Job, so viele Gäste wie möglich auf die Tanzfläche zu locken. Aber das mit Zimmerlautstärke zu erreichen, ist leider verdammt schwer. *We Found Love* von Rihanna klingt einfach nicht ohne ordentlichen Bass. Schon ertönen die ersten Rufe aus der Menge: Lauter! Ich hebe entschuldigend die Hände. Im Verlauf des Abends sprechen mich etwa ein Dutzend Leute an, die mehr Dampf wollen und denen ich die Situation erklären muss.

Die Party tröpfelt dahin, und mit zunehmendem Alkoholkonsum schwingt doch die eine oder andere Dame das Tanzbein, während sich die Männer bevorzugt an der Bar festkrallen. Mit AC/DC im gedämpften Klang eines kleinen Transistorradios kann ich die harten Jungs natürlich nicht locken. Ich gebe mein Bestes, aber richtige Freude kommt nicht auf. Klar, dass die Feier ein vorzeitiges Ende findet. Gegen zwei Uhr sind die letzten Gäste bereits gegangen. Ich packe meine Sachen zusammen und begegne auf dem Weg zum Auto noch mal Herrn Papp. Trotz seines unmöglichen Verhaltens ringe ich mir ein »Tschüß!« ab. Er erwidert darauf: »Ach übrigens: Du hast hier ab jetzt Hausverbot.«

Das ist in der Tat ein krönender Abschluss. Weil ich die Vorstellungen der Gastgeber durchgesetzt habe, bin ich hier nicht mehr erwünscht. Ich weiß aus Erfahrung, dass Diskussionen mit Soziopathen wie Herrn Papp reine Energieverschwendung sind. Deshalb zucke ich nur mit den Schultern und gehe mit den Worten: »Ich hatte sowieso nicht vor, diesen Saftladen noch mal zu betreten. Ich wünsche Ihnen noch ein schönes Leben und weiterhin viel Spaß mit Ihren Nachbarn. Mit denen werden Sie sich ja bald dieses lauschige Plätzchen alleine teilen, wenn Sie weiterhin so mit Ihren Kunden und deren Dienstleistern umspringen.«

Die Nachbarn sind nicht Euer Problem!

Leider verschweigen viele Locations, dass sie einer drastischen Lautstärkebeschränkung unterliegen. Sie haben Angst, damit potenzielle Kunden abzuschrecken. Und das zu Recht! Ich bin der Meinung, dass diese Etablissements ganz einfach keine Hochzeitsfeiern anbieten sollten. Ein solches Fest braucht eine gewisse Grundlautstärke, um Spaß zu machen. Wenn die Betreiber Euch nicht garantieren können, dass Ihr ordentlich aufdrehen könnt, solltet Ihr einen anderen Anbieter wählen.

Das Beispiel in diesem Beachclub zeigt allerdings auch, wie dreist falsche Tatsachen vorgespiegelt werden. Es mag sein, dass dort 1100 Hochzeitsfeiern stattfanden. Aber dass es noch nie Probleme mit der Lautstärke gegeben hätte, ist gelogen. Offenbar haben die Nachbarn in der Vergangenheit schon rechtliche Schritte eingeleitet, sonst hätte das Ordnungsamt keinen versiegelten Limiter zur Auflage gemacht. Ich kann mir nicht vorstellen, dass die anderen Hochzeitsfeiern dort unter diesen Bedingungen rauschende Feste waren.

Um wirklich auf Nummer sicher zu gehen, solltet Ihr bei der Suche nach einer Location die Gastronomen auf harte Fakten abfragen. Gibt es eine Lautstärkebeschränkung? Wenn ja, wie viel Dezibel sind im Feierraum erlaubt? Euer professioneller DJ wird Euch dann sagen können, ob das ausreicht oder nicht.

Lasst Euch bloß nicht mit vagen Aussagen abspeisen wie: »Wir machen das immer so, und es hat sich noch nie jemand beschwert, dass es zu leise war.« Solche Sprüche habe ich schon von etlichen Betreibern auf Kundenfang gehört, doch die Feier von Marlene und Olli war leider nur eine von vielen, wo ich dann doch mit einer lächerlichen Sparbeschallung zu kämpfen hatte. Selbst in wirklich teuren Hotels habe ich schon erlebt, dass ab einer gewissen Uhrzeit die Party zu stark eingeschränkt wurde. Meistens passierte das mit dem Satz. »Wir müssen jetzt mal etwas die Bässe rausdrehen, damit sich die anderen Hotelgäste nicht beschweren.«

Meiner Meinung nach liegen weder die Nachbarn noch fremde Hotelgäste in Eurer Verantwortung. Es ist allein das Problem der betreffenden Gastronomen, sollten die von ihnen angebotenen Räumlichkeiten im Grunde nicht für eine Hochzeitsfeier geeignet sein. Es gibt wahrlich genug andere Locations, wo Ihr so laut sein könnt, wie Ihr wollt.

Wichtig ist auch der menschliche Eindruck von Eurem Anbieter. Ist er flexibel und offen für Eure Wünsche? Wie sehr kommt er Euch im Vorgespräch entgegen? Einen Herrn Papp, der die einfachsten Wünsche nicht umsetzt und stur auf seinen festgefahrenen Vorstellungen beharrt, könnt Ihr nicht gebrauchen. Denn die Aufgabe eines Gastronoms ist es, Eure Vision zu realisieren und nicht seine eigene.

5 Fragen, die Euch ein Gastronom im Vorfeld eindeutig mit Ja beantworten können muss:

- Sind wir und unsere Gäste garantiert ungestört?

- Kann die Musik so laut sein, wie wir wollen?

- Ist mindestens eine Stunde vor der Feier alles fertig vorbereitet?

- Ist ausreichende Frischluftzufuhr oder Klimatisierung gewährleistet?

- Gibt es genug Getränkenachschub und ausreichend viel Essen?

Sünde 24: Ungemütlichkeit

Musikpilot im Blindflug

Es ist eine der originellsten und coolsten Locations, die
ich bisher erlebt habe: Ein Architekturbüro, das wie ein
flacher Bungalow auf das Dach eines Parkhauses mitten
in der City gebaut wurde. Rundherum erheben sich die
Gebäude Hamburgs, und das Leben pulsiert unter uns in
den Straßen. Für Mitte September ist es mit 24 Grad un-
gewöhnlich warm. Beste Bedingungen für eine tolle Party.

Auf dem gesperrten Parkdeck unter freiem Himmel
sind eine Cocktailbar und ein riesiger Barbecuegrill aufgebaut. Die Tanzfläche befindet sich allerdings innen in
einem komplett leer geräumten Büro, wo ich meine Musikanlage aufbaue. Die einzige Verbindung nach draußen
ist ein 20 Meter langes Lautsprecherkabel, das ich durch
einen Gang mit L-förmigem Knick gelegt habe. Nun steht
eine meiner Boxen draußen. Zum Essen im Freien ist ent-
spannte Loungemusik gewünscht, gegen 21 Uhr soll die
Party drinnen starten. Das Brautpaar möchte keinen Eröffnungstanz. Chantal und Alfredo vertrauen darauf, dass
ich die Leute mit der Musik reinlocke.

Meine gute Laune verwandelt sich in Müdigkeit, während ich drei Stunden lang alleine in dem leeren Büroraum
stehe und einen Loungesong nach dem anderen auflege.

Von der Reaktion der Leute draußen bekomme ich nur dadurch etwas mit, dass ich ab und zu rausgehe. Es ist wirklich eine sehr entspannte Atmosphäre. Bloß erfüllt sich meine Hoffnung nicht, dass sich die Temperaturen zum Abend hin merklich abkühlen, denn dadurch würden die Leute automatisch reinkommen. Als Alfredo auf mich zukommt und sagt: »So, jetzt kannst du die Leute langsam zum Tanzen animieren«, herrscht eindeutig noch immer T-Shirt-Wetter.

Ich lege los. *Think* von Aretha Franklin, das sollte doch zünden. Das geht immer! Natürlich drehe ich auch die Lautstärke auf. Nach kurzer Zeit taucht ein Mann um die dreißig vor der Bürotür auf und starrt mich an, als wäre ich ein Außerirdischer. Schon ist er wieder verschwunden. Ich feure einen Hit nach dem anderen ab, spiele Songs, die sich auf hunderten Veranstaltungen bewährt haben. Nichts passiert. Nach einer halben Stunde betreten zwei junge Frauen den Raum. Das ist die Chance, endlich mal jemanden zum Tanzen zu bringen! Eine von ihnen kommt direkt auf mich zu, und ich bin gespannt, was für einen Titel sie sich wünschen wird. Strahlend beuge ich mich über das DJ-Pult zu ihr hinüber und höre: »Wissen Sie, wo hier die Toilette ist?«

Ich weiß nicht, was schlimmer ist: Dass sie mich mit »Sie« statt mit »Du« anspricht (ich dachte eigentlich, ich hätte mich für mein Alter ganz gut gehalten), oder dass sie nicht im Mindesten an der Musik interessiert zu sein scheint.

»Den Gang runter und dann die zweite Tür links.«

Weg sind sie. Hat man eigentlich jemals eine einleuchtende Erklärung dafür gefunden, warum Frauen meistens zu zweit auf die Toilette gehen? Über solche Dinge denke ich nach und noch über viele andere. Denn ich habe ja Zeit. Jede Menge davon. Egal wie sehr ich mich bemühe, ich bleibe hier alleine. Gefeiert wird irgendwo da draußen. Bloß wird auch dort nicht getanzt, man redet und redet.

Die drei Highlights dieser Nacht aus meiner Sicht sind schnell zusammengefasst:

1. Ein Paar um die 50 tanzt einen Discofox zu *You're The First, The Last, My Everything* von Barry White.

2. Chantal und Alfredo wünschen sich *Haus am See* von Peter Fox, bleiben aber nicht bis zum Ende des Songs auf der ansonsten leeren Tanzfläche.

3. Gegen Viertel vor zwei sagt mir Alfredo, dass ich Schluss machen darf. Er drückt mir den Umschlag mit der Gage in die Hand.

Beim Zusammenpacken habe ich ein ungutes Gefühl und überlege, ob ich etwas von der Gage zurückgeben soll. Schließlich hätte hier ein MP3-Player mit Zufallsfunktion genau dieselbe Wirkung erzielt wie ich. Aber andererseits ist es nicht meine Schuld, dass Alfredo nun ein kleines Vermögen für reine Hintergrundmusik ausgeben muss. Ein DJ ohne Sichtkontakt zum Publikum ist wie ein Pilot im Blindflug. Ich habe mein Möglichstes getan, die unsichtbaren Gäste durch die Nacht zu tragen. Es ist unter diesen Bedingungen aber unmöglich, auf die Menschen zu reagieren und Stimmung aufzubauen, geschweige denn sie zum Tanzen zu bringen. So ist es auch nicht verwunderlich, dass diese Feier bereits so früh endet. Und um ganz ehrlich zu sein, ist das für mich keine Gage, sondern Schmerzensgeld. Denn diese acht Stunden hier waren wesentlich anstrengender als jede Marathonparty, bei der die Leute bis zum Sonnenaufgang durchtanzen. Ich nehme daraus eine wichtige Lektion mit: Ich werde nie wieder einen Auftrag annehmen, bei dem ich das Publikum nicht sehen kann!

Haltet Eure Schäfchen beisammen

Eine mitreißende Gruppendynamik kann nur dann entstehen, wenn es überhaupt eine Gruppe gibt! Vermeidet also räumliche Bedingungen, durch die sich Eure Gäste zu stark verteilen. Besonders schwierig wird es immer, wenn sich eine Feier über mehrere Räume erstreckt. Beispielsweise wenn es einen Speisesaal gibt und einen separaten Raum zum Tanzen.

Wie Ihr eben miterlebt habt, kann ein DJ ohne direkten Sichtkontakt zu den Gästen Eure Feier nicht wirklich unterstützen. Zum einen ist ja bereits die Auswahl der Hintergrundmusik beim Essen nicht beliebig, sondern verlangt vom DJ, gefühlvoll auf die Situation einzugehen. Aus einem abgeschiedenen Zimmer heraus kann das niemand leisten. Wie soll der Musikverantwortliche denn überhaupt mitbekommen, wann eine Rede anfängt? Denn dafür muss der DJ die Musik ausmachen und ein Mikrofon reichen.

Noch schwieriger wird es nach der Tanzeröffnung. Natürlich verlassen immer wieder Gäste den Partyraum, sei es für den Gang auf die Toilette, eine Zigarette im Freien oder zum Gespräch in ruhigerer Umgebung. Nur die paar Leute auf der Tanzfläche zeigen dann noch, welche Musik hier gut ankommt. Das kann selbst bei einem erfahrenen Profi-DJ zu einer Fehleinschätzung der Gesamtsituation führen. Denn es ist unmöglich zu entscheiden: Kommt der Rest nicht hinzu, weil die Musik nicht gefällt, oder passiert nebenan gerade etwas anderes, womöglich Interessanteres? So kann einfach keine Partystimmung entstehen.

Wird nach dem Essen durch die Öffnung eines zusätzlichen Raumes die Fläche vergrößert, verläuft sich die Feier. Zwei halb volle Räume wirken leer, auch wenn insgesamt noch genau so viele Gäste da sind wie am Anfang. Wenn sich der Umzug der Feiergemeinschaft in einen anderen Raum zum Tanzen gar nicht vermeiden lässt, sollte daher der Speisesaal für alle geschlossen werden. Die Party sollte in diesem Fall komplett verlagert werden, sonst kann vorzeitig eine allgemeine Aufbruchstimmung entstehen.

Diesen Effekt kann allerdings auch ein viel zu großer Festsaal haben, speziell wenn ein Teil der Gäste bereits nach Hause gegangen ist. Ein weitläufiger Raum kann eventuell durch eine geschickte Stellung der Tische und dekorative Elemente optisch verkleinert werden. Schließlich wollt Ihr nicht das Gefühl haben, in einer unwohnlichen Halle zu sitzen. Eure Gäste sollen sich nicht gegenseitig auf die Füße treten müssen, aber ein wenig körperliche Nähe ist der Stimmung auf jeden Fall zuträglicher als gähnende Leere. Sicher kennt Ihr diesen Effekt aus Diskotheken oder Bars, in denen kaum ein Durchkommen ist, wo aber beste Laune herrscht.

Optimal ist ein einziger ausreichend großer Saal. Oder auch zwei Nachbarräume, die durch einen großen Durchgang verbunden und von beiden Seiten gut einsehbar sind. Denn auch die Gäste, die nicht tanzen, tragen zur Stimmung bei. Lauthals singende Leute an der Bar sind ebenso wichtig wie die Bewegung auf der Tanzfläche. Idealerweise sollte sich die Bar in unmittelbarer Nähe der Tanzfläche befinden.

Egal wie Ihr die Raumaufteilung löst, beherzigt bitte den grundsätzlichen Rat: Nur wenn Eure Gäste als geschlossene Gruppe beisammenbleiben, kann sich eine wirklich begeisternde Stimmung entwickeln.

Die 5 häufigsten Fehler bei der Raumplanung:

- Speisesaal und Partyraum sind getrennt

- Der Festraum ist zu groß und dadurch ungemütlich

- Zu kleine Tanzfläche

- Bar außerhalb des Feierbereichs

- Im Freien aufgebaute Zelte sind zu kalt bei unerwartet schlechtem Sommerwetter, und niemand hat an Heizpilze gedacht

Sünde 25: Leichtgläubigkeit

Nacht-und-Nebel-Aktion

Eine beachtliche Technik hat Bräutigam Frederik da aufgefahren. Er arbeitet in einer Eventagentur und hat sich selbst um die Beschallung und Beleuchtung seiner Hochzeitsfeier gekümmert. Der Partybereich sieht beinahe aus wie ein Club, mit zahlreichen Scheinwerfern und mächtigen Boxen. Zusammen mit der minimalistischen und in Weiß gehaltenen Einrichtung des Restaurants, für das Frederik und seine Braut Steffi sich entschieden haben, wirkt alles eigentlich ganz stimmig. Das ist eben eine moderne Hochzeitsfeier.

Zum Glück haben wir hier keine Lautstärkebeschränkung, und ich kann das Potenzial der Musikanlage voll ausnutzen. Warme Bässe massieren die Körper der Tänzer. Zwischendurch kommt Frederik zu mir und sagt: »Drück mal auf den Knopf da.«

Ich betätige einen orange leuchtenden Schalter neben dem Mischpult. Mit einem Zischen wird die Tanzfläche in eine Nebelwand gehüllt. Die Partygäste verwandeln sich in diffuse Silhouetten. Frederik freut sich wie ein kleiner Junge. »Geil, oder?«

Ehrlich gesagt finde ich das nicht so toll. Das hier ist schließlich eine Hochzeitsfeier, keine Technoparty. Die

200

Leute wollen sich eigentlich gegenseitig sehen und miteinander tanzen. Außerdem macht dieser chemische Nebel schlechte Luft. Aber ich will Frederik nicht die Laune verderben und erwidere: »Ja, das ist ganz nett.«

Im Gegensatz zu mir ist er offensichtlich ganz aus dem Häuschen. »Setz die Nebelmaschine ruhig richtig oft ein. Ich schalte gleich mal den Laser an, das sieht dann richtig cool aus.«

Laser? Was denn noch alles? Es würde mich nicht wundern, wenn Frederik als Nächstes ein Saalfeuerwerk abfackelt. Wenig später leuchten haarfeine Strahlen grün auf und verleihen dem Raum die Atmosphäre eines Science-Fiction-Films. Es dauert eine Weile, bis sich der Nebel etwas verzogen hat und ich das Publikum wieder erkennen kann. Doch meine Erleichterung ist nur von kurzer Dauer. Frederik macht von der Tanzfläche her eine unmissverständliche Geste in meine Richtung, die nach mehr Nebel verlangt.

Also gut. Wieder zischt und stinkt es, wieder sehe ich für eine Weile nur noch Schemen und Lichtblitze. Das wiederholt sich innerhalb der nächsten zwanzig Minuten mehrfach. Als sich dann der Dampf wieder mal etwas lichtet, fällt mein Blick auf die Eingangstür, und ich traue meinen Augen nicht. Dort erscheint zwischen Laserstrahlen und Nebelschwaden eine schattenhafte Gestalt, deren vertraute Kontur mich erschauern lässt. Die Form des Helms ist charakteristisch. Im ersten Moment denke ich: Da steht Darth Vader höchstpersönlich! Fast schon meine ich, das schaurige Atemgeräusch des Filmbösewichts zu hören. Natürlich ist das unmöglich, und genau aus diesem Grund wird im zweiten Moment mein Schreck noch größer: Vielleicht ist das ja gar kein Helm, sondern eine Frisur! Steht dort etwa Tante Inge?

Die Gestalt hebt eine Hand, und ein helles Licht erstrahlt. Sie kommt immer näher, und irgendwann erkenne ich die Uniform eines Feuerwehrmanns, der eine Taschenlampe in den Händen hält. Zwischen irritierten Gästen hindurch bewegt er sich zielstrebig auf mich zu. Ich bin alarmiert. Hat es womöglich irgendwo im Gebäude einen Brand gegeben? Muss ich gleich eine Aufforderung zur Evakuierung durchsagen?

Der behelmte Feuerwehrmann kommt hinter mein DJ-Pult und sagt: »Moin.«

Scheint wohl ein echter Hamburger zu sein, denn wir haben gerade kurz vor Mitternacht, und von »Morgen« kann keine Rede sein. Aber diesen typischen Gruß setzen Einheimische unabhängig von der Tageszeit ein. Ich erwidere: »Guten Abend. Gibt es irgendwelche Probleme?«

»Ich dachte, das könnten Sie mir sagen. Der Dunst in der Luft stammt wohl von Diskonebel?«

»Ich fürchte, ja. Der Gastgeber hat darauf bestanden.«

»Aha. Der Rauchmelder hier im Gebäude hat nämlich angeschlagen, und wir sind mit einem Löschzug angerückt. Das war dann wohl falscher Alarm. Können Sie mir sagen, wer der Gastgeber ist?«

Ich zeige auf Frederik, und der Feuerwehrmann geht zu ihm. Die beiden reden kurz miteinander, dann verlässt der Brandprofi den Tanzsaal. Frederik kommt mit bedrücktem Gesicht zu mir und sagt: »Also, den Nebel lassen wir jetzt wohl besser aus. Ich hoffe nur, dass ich nicht den Feuerwehreinsatz zahlen muss.«

Das hoffe ich allerdings auch, denn eine solche Aktion kann zwischen 800 und 1200 Euro kosten! Ich rede ihm gut zu, um seine Partylaune wiederherzustellen: »Mach dir mal keine Sorgen. Dafür müssen sicher die Betreiber der Location aufkommen. Es liegt auf der Hand, dass sie an die Rauchmelder hätten denken müssen, nicht du.«

In Wahrheit habe ich keine Ahnung, wem die Feuerwehr in einem solchen Fall eine Rechnung schickt. Aber den besorgten Bräutigam kann ich immerhin beruhigen. Erleichtert geht er wieder auf die Tanzfläche, und ich bin gespannt, welches Nachspiel diese Nacht-und-Nebel-Aktion haben wird.

Die GEMA-Lüge und andere Dreistigkeiten

Ihr als Gastgeber habt bei Eurer Feier eine große Verantwortung. Schließlich sind die Leute extra Euretwegen gekommen, und ihr leibliches Wohl liegt in Euren Händen. Bedenkt bei der Planung also bitte die Sicherheit und den Komfort Eurer Gäste. Aber auch Euren Geldbeutel solltet Ihr nicht vergessen. Im Fall eben hatte Frederik Glück: Tatsächlich hat das Restaurant den Feuerwehreinsatz gezahlt und das Ganze über die Gebäudeversicherung abgerechnet.[11]

Ich erlebe im Gegensatz dazu allerdings leider häufig, dass Gastronomen den Brautpaaren ganz unverschämte Dinge in Rechnung stellen. Die größte Dreistigkeit leistete sich eine Hamburger Location, als sie für eine Hochzeitsfeier sage und schreibe 2600 Euro GEMA-Gebühr verlangte. Und das, obwohl bei einem privaten, unkom-

---

[11] Apropos Feuerwehreinsatz: Sorgt bitte dafür, dass bei Eurer Hochzeitsfeier keine Heißluftballons aus Papier mit Feuerquelle in den Himmel fliegen. Ich habe einige Feste erlebt, bei denen Gäste japanische Miniaturballons als Überraschung für das Brautpaar mitbrachten. Das kann nicht nur verheerende Brände auslösen, sondern ist auch gesetzlich verboten. Wenn ein solcher Ballon beispielsweise in Niedersachen landet, wird das mit bis zu 10 000 Euro Bußgeld bestraft!

merziellen Anlass überhaupt keine Zahlung an die GEMA geleistet werden muss! Denn die wird nur fällig, wenn es sich um eine öffentliche Musikwiedergabe handelt. Auf der Internetseite der GEMA heißt es hierzu:

»Jede Nutzung ist öffentlich, bei der wenigstens zwei Personen, die nicht miteinander verwandt oder eng befreundet sind, Musik hören. Betriebsfeste sowie Vereinsfeiern sind deshalb in der Regel öffentlich, die private Party oder auch die Geburtstagsfeier dagegen nicht.«[12]

Ganz klar: Wenn Ihr den Rat von Seite 27 beherzigt, nur Leute einzuladen, die ihr wirklich aus vollstem Herzen dabei haben wollt, ist die Musiknutzung nicht öffentlich. Ein engerer Kreis als eine intime Hochzeitsgesellschaft ist wohl kaum vorstellbar. Ihr braucht Eure Feier also nicht anzumelden – und müsst dementsprechend auch keine GEMA-Gebühr bezahlen!

Eine Ausnahme wäre, wenn Eure Hochzeitsfeier in den Medien übertragen oder von einem Unternehmen gesponsert wird. So etwas soll es ja tatsächlich geben …

Selbst gegenüber dem Thema GEMA aufgeklärten Brautpaaren suchen manche Veranstalter Hintertürchen für Abzocke. So stellte eine Hamburger Eventagentur nachträglich eine GEMA-Rechnung von 400 Euro. Grund: Ein Gast hat angeblich ein Fenster geöffnet, und damit sei die Öffentlichkeit auf der Straße mit beschallt worden. Dadurch handele es sich um eine öffentliche Musikwiedergabe.

Selbst wenn diese aberwitzige Behauptung stimmen sollte, so ist das Fenster dennoch ein fester Bestandteil

---

[12] Quelle: www.gema.de

der Location. Folglich sind die Betreiber dafür verantwortlich, es geschlossen zu halten. Außerdem müssten sie nach Rechnungstellung in jedem Fall belegen, dass sie diese Zahlung auch tatsächlich an die GEMA weiterleiten. Ob das geschieht, könnt Ihr leicht bei der zuständigen GEMA-Bezirksdirektion erfragen. Die 2600 Euro aus dem Anfangsbeispiel sind jedenfalls nicht dort gelandet. Leider hat das Brautpaar dennoch von einer Klage gegen die Betreiber abgesehen.

Übrigens ist eine Feier grundsätzlich vom Gastgeber bei der GEMA anzumelden und *nicht* von den Betreibern der Location. Da Ihr bei der privaten Hochzeitsfeier nicht zu einer Anmeldung verpflichtet seid, lasst Euch bloß nicht auf irgendwelche diesbezüglichen vertraglichen Vereinbarungen bei der Buchung ein. Denn wenn in einem Vertrag steht, dass die Betreiber die Veranstaltung bei der GEMA anmelden, könnt Ihr nichts mehr dagegen tun, und dann muss tatsächlich eine Gebühr abgeführt werden. Der betreffende Paragraph sollte also aus dem Vertrag gestrichen werden, ehe Ihr unterzeichnet. Auch Euer DJ hat nichts mit der GEMA-Anmeldung zu tun, mit ihm braucht Ihr also gar nicht darüber zu sprechen.

Leider gibt es noch viele weitere Bereiche, wo betrügerische Gastronomen, Locationbetreiber und Eventmanager Brautpaaren regelmäßig das Geld aus der Tasche ziehen. Beispielsweise für fest installierte Musikanlagen, die völlig überteuert vermietet werden. In einem Fall wurde meinen Kunden eine solche Anlage für 800 Euro angeboten, und dann hatte angeblich auch noch ein Tontechniker die ganze Nacht anwesend zu sein, der zusätzliche 400 Euro kostete. Also 1200 Euro nur für die Möglichkeit, überhaupt Musik abzuspielen! Das Ende vom Lied war, dass ich meine eigene Musikanlage für 150 Euro

Aufpreis mitgebracht habe. Damit konnten wir die ganze Nacht durch feiern, und DJ samt Technik waren für 750 Euro wesentlich preiswerter als die Saalanlage alleine.

Auch Getränkeabrechnungen sind mit Vorsicht zu behandeln. Nach einer türkisch-deutschen Hochzeit mit 100 Gästen stellte die Gastronomin 378 Euro für 63 Wodka-Orange in Rechnung, die in Wahrheit gar nicht verzehrt wurden. Denn die Brautleute hatten mehrere Flaschen mit dem türkischen Nationalgetränk Raki selbst organisiert, und der überwiegende Teil der Gesellschaft trank zwar von diesem Schnaps, rührte aber keinen anderen Alkohol an. Die Aufzeichnungen eines Hochzeitsfilmers belegten, dass über die ganze Feier hinweg auf den Tischen keine Longdrinkgläser mit orangefarbenem Inhalt standen. Bei 63 solcher Drinks hätten aber durchschnittlich mehr als die Hälfte aller Gäste irgendwann mal einen vor sich haben müssen.

Zudem war die vorherige Absprache mit dem Brautpaar, dass Getränke außerhalb der vereinbarten Pauschale mit Wein, Bier und Softdrinks von den Gästen selbst zu zahlen waren. Selbst wenn die imaginären Longdrinks existiert hätten, dürften sie also nicht den Gastgebern in Rechnung gestellt werden. Trotz der eindeutigen Sachlage konnte erst der Anwalt des Brautpaars die Gastronomin dazu bringen, von ihrer anmaßenden Forderung abzulassen. Dies quittierte sie zum krönenden Abschluss am Telefon mit der inakzeptablen Bemerkung, man sollte eben nicht mit Türken feiern.

Sicherlich bilden derart schlechte Erfahrungen eine Ausnahme. Dennoch solltet Ihr Euch darauf gefasst machen, mit kleinen und großen Dreistigkeiten konfrontiert zu werden. Am besten fühlt Ihr den Locationbetreibern und Gastronomen im Vorfeld gründlich auf den Zahn.

Erscheinen Euch Kostenpunkte unlogisch oder übertrieben teuer, so fragt gezielt nach. Ihr werdet schnell merken, ob man Euch ausweicht oder eine schlüssige Erklärung zu bieten hat.

Denkt immer daran, dass Ihr als Kunden die Könige seid. Verhält man sich Euch gegenüber unfreundlich oder abweisend, dann lasst Euch das nicht bieten. Im Zweifelsfall sucht lieber nach einer Alternative, bei der Ihr von Anfang an ein gutes Gefühl habt. Wie ich bereits erwähnte, ist der Austragungsort Eurer Feier gar nicht so wichtig für ein rauschendes Fest. Was wirklich zählt, sind die Personen, die für die Gastronomie und die Abrechnung verantwortlich sind. Nur wenn Ihr vollstes Vertrauen zu diesen Menschen habt, solltet Ihr sie engagieren.

Die 5 größten Dreistigkeiten von Locationbetreibern:

- GEMA-Gebühr in Rechnung stellen, die nicht weitergeleitet wird

- Imaginäre Getränke jenseits der vereinbarten Pauschale in Rechnung stellen

- Massive Lautstärkebeschränkungen verschweigen

- Überteuerte Mieten für Musikanlage, Licht und sonstige Ausstattung

- Überhöhte Raummiete, auf die alle sonstigen Kosten aufgeschlagen werden

Teil 6

Ihr beiden, das Herz der Feier

Sünde Nr. 26: Unbeweglichkeit

Brautkleid bleibt Brautkleid

In meiner Schulzeit gab es einen Zungenbrecher, den man mehrfach schnell hintereinander wiederholen musste. Niemand hat es geschafft, ohne sich dabei zu verhaspeln. Ihr könnt das gern ausprobieren. Er lautet:

Blaukraut bleibt Blaukraut, und Brautkleid bleibt Brautkleid.

Mit Blaukraut kenne ich mich zugegebenermaßen nicht aus. Aber ein Brautkleid bleibt unabhängig vom Schnitt eindeutig immer ein Brautkleid – solange es weiß und elegant ist. Warum so viele Bräute ein Outfit wählen, in dem sie sich kaum bewegen können, wird für mich daher immer ein Rätsel bleiben. Ich vermute, hier klafft eine ganz große Lücke zwischen einer bildhaften Vorstellung und der Realität.

Sicherlich werden viele angehende Bräute sich selbst als eine Art Märchenprinzessin im wallend weißen Ballkleid erträumen, wenn sie an ihre eigene Hochzeit denken. Dieses Kleid hat keine ungewollten Falten. Mit einem solchen Kleid muss man niemals eine enge Toilettenkabine betreten, in der man eine Begleiterin braucht, die ausladende Unterröcke hochhalten muss. Man wirft mit ihm nie volle Rotweingläser um, wenn man sich zwischen eng gestellten Tischen hindurchquetschen muss. Unter den Bergen von Stoff schwitzt man selbstverständlich auch an einem warmen Sommertag nicht. Und über die Tanzfläche schwebt man damit schwerelos, ohne jemals auf den viel zu langen Rock zu treten oder gar zu stürzen.

Dass diese Fantasie ein unerfüllbarer Wunschtraum ist, habe ich oft genug mit eigenen Augen gesehen. Nicht selten können die schönen Prinzessinnen ihre eigene Feier aufgrund ihrer sperrigen Kleider nicht unbeschwert genießen. Das häufigste Hindernis zwischen Braut und Party sind zu lange Röcke. Daran trägt sicherlich die Hochzeitsindustrie mit Schuld. Sie gaukelt etwas vor, das einfach nicht funktioniert. Gebt Ihr im Internet bei der Bildersuche das Wort Brautkleid ein, so werdet Ihr fast ausnahmslos lang ausfallende Exemplare sehen, bei denen die Röcke auf dem Boden aufliegen. Ich gebe zu, das sieht toll aus. Aber darin stecken professionelle Fotomodels, die in einem sterilen Studio unter optimalen Bedingungen angetreten sind. Sie haben das Kleid in einer sauberen Garderobe angelegt. Sie mussten vorher nicht über einen nass geregneten Kirchvorplatz oder einen staubigen Parkplatz beim Standesamt gehen. Sie waren auch nicht umgeben von etlichen Gästen mit schmutzigen Schuhsohlen, die dem Kleid unabsichtlich ihren Stempel aufdrückten.

Im realen Leben habe ich jedenfalls so gut wie nie ein Kleid in dieser Länge gesehen, das nicht spätestens bei der Abendfeier am Rocksaum Flecken oder einen dunklen Rand hatte. Weiß ist nun mal die empfindlichste Farbe, die es gibt. Rein optisch verlieren solche Prinzessinnenkostüme durch die unvermeidliche Verschmutzung meistens viel von ihrer Wirkung. Richtig spannend wird es aber, wenn Braut und Bräutigam die Tanzfläche eröffnen. Dass er ihr oftmals auf den Rock tritt, ist eine Sache. Vor allem aber kämpft die Braut selbst ständig mit der Gefahr, über ihr eigenes Kleid zu stolpern.

Häufig sind Varianten von Kleidern im Einsatz, bei denen der lange Oberrock vor dem Eröffnungstanz mit Schleifen hochgebunden oder mit Sicherheitsnadeln hochgesteckt wird. Das funktioniert selten richtig gut. Es ist nur eine Frage der Zeit, bis der erste Nachbar auf der engen Tanzfläche daran hängen bleibt und womöglich die Nadeln ausreißt. Wenn dann nicht gerade Schwiegermama ihr Nähzeug dabei hat, wird es knifflig.

Erstaunlich oft lassen sich die Gastgeberinnen am wichtigsten Tag ihres Lebens in ein enges Korsett einschnüren. Wozu frei atmen, solange es gut aussieht? Und wenn das teure Essen nicht ganz hineinpasst in den eingeengten Bauch, ist das wohl auch nicht so schlimm… Bloß wurde die eine oder andere Braut an einem heißen Sommertag schon ohnmächtig, und das lag vielleicht nicht nur an der Nervosität.

Liebe Bräute, ich möchte Euch auf keinen Fall in Euer Traumoutfit hineinreden. Ich bin nur ein Mann und habe vermutlich einfach nicht genug Fantasie, mir vorzustellen, was dieses Kleid für Euch bedeutet. Aber dennoch möchte ich Euch einen wirklich gut gemeinten Rat geben: Bedenkt bitte, dass Ihr an diesem Tag vielleicht 16 Stunden oder mehr auf den Beinen sein werdet. Tut Euch selbst einen Gefallen und entscheidet Euch für ein Modell, in dem Ihr Euch frei bewegen könnt. Denkt nicht nur daran, wie Ihr ausseht, sondern auch, wie Ihr Euch in dem Kleid körperlich fühlen werdet.

213

Auch bei der Wahl Eurer Schuhe solltet Ihr an Komfort denken. Wahrscheinlich werden sich die meisten für ein hochhackiges Modell entscheiden. Dagegen ist auch überhaupt nichts einzuwenden. Bloß solltet Ihr noch ein zweites, bequemes Paar griffbereit haben. Beispielsweise weiße Ballerinas. Zu späterer Stunde und ab einem gewissen Alkoholpegel schaut wirklich keiner mehr auf die Füße der Braut. Das ist die Zeit, wo die meisten Ladys sowieso schon ihre unbequemen Pumps in die Ecke gestellt haben und barfuß tanzen. Für die Gastgeberin ist es wirklich Gold wert, dann in komfortable Schuhe schlüpfen zu können. Ich habe oft zu vorgerückter Stunde Bräute in Flip Flops oder in lässigen Turnschuhen erlebt. Das ist nicht nur total bequem, sondern diese Lockerheit kommt auch gut an bei den Gästen. So lässt es sich feiern! Vorausgesetzt, das Kleid ist kurz genug, dass es auch ohne Absätze nicht auf dem Boden herumschleift.

Das ziemlich teure Wort »Hochzeit«

Die Hochzeitsindustrie verkauft nicht nur Kleider, die keinerlei Tragekomfort bieten. Sie tut dies auch maßlos überteuert. Daran lässt sich gut zeigen, was die Anbieter von Hochzeitsartikeln und brancheneigenen Dienstleistungen am meisten wollen. Nämlich Euer Geld. Allein das Wort »Hochzeit« in den Mund zu nehmen, verteuert jeden damit verbundenen Service und jedes Produkt drastisch. Ihr könnt ja spaßeshalber mal bei einem Schneider einen Kostenvoranschlag für ein »weißes Kleid« einholen und parallel einen weiteren für ein »Brautkleid«. Macht bei beiden genau die gleichen Vorgaben für Schnitt und Stoff, benennt sie aber unterschiedlich. Ich gehe jede

Wette ein, dass das Brautkleid wesentlich teurer wird. Allein die Bezeichnung macht den Unterschied.

Das gleiche Spiel funktioniert bei einer Autovermietung. Eine deutsche Limousine mit Stern auf der Motorhaube und der Bezeichnung S-Klasse kostet etwa 180 Euro pro Tag. Wird dasselbe Auto als Hochzeitslimousine angepriesen, sind wir plötzlich schon bei 300 Euro für drei Stunden. Dafür sitzt dann ein Chauffeur drin, und Ihr bekommt vielleicht eine Piccoloflasche Schampus dazu, die Ihr vor dem Sektempfang an der Location sowieso nicht trinkt. Auf beides könntet Ihr genauso gut verzichten und stattdessen ein regulär gemietetes Auto von einem Freund steuern lassen. Dadurch spart Ihr allein für diese eine Fahrt 120 Euro.

Offenbar gehen Anbieter sämtlicher Branchen rund ums Heiraten davon aus, dass mit dem Wort Hochzeit automatisch eine große Bereitschaft zur Geldverschwendung verbunden ist. Die Hochzeitsindustrie setzt in Deutschland pro Jahr über 1,8 Milliarden Euro allein für die Ausstattung von Braut und Bräutigam um.[13] Auf Hochzeitsmessen wälzen sich zehntausende Besucher durch ein buntes Disneyland aus Glitzer und Seide. Und jedes kleine Detail von Hochzeitskarten bis zur ausgefallenen Tischdekoration hat seinen Preis …

Wenn Ihr dieses Buch bis hierher aufmerksam gelesen habt, wisst Ihr, dass überteuerter Schnickschnack für das Gelingen Eurer Feier nicht entscheidend ist. Wirklich wichtig sind neben Eurer gründlichen Ablaufplanung gute Dienstleister für Musik, Bewirtung und Fotos. Bei

---

[13] Frankfurter Allgemeine Zeitung, 1.07.2007, bezogen auf den Umsatz von 2006. Seitdem dürfte der Umsatz durch Teuerung und Zunahme von 373 681 Hochzeiten im Jahr 2006 auf 377 816 im Jahr 2011 (laut Statistisches Bundesamt) weiter gestiegen sein.

allen anderen Kosten könnt Ihr also getrost sparen. Das funktioniert oft schon allein dadurch, dass Ihr das Wort Hochzeit vermeidet. Beispielsweise könnt Ihr Euch von der Location Eurer Wahl ein Angebot für eine »private Familienfeier« erstellen lassen, statt von einer Hochzeit zu sprechen. Wahrscheinlich wird das preiswerter, als wenn Ihr den Anlass genauer benennt. Und wer weiß, vielleicht findet Ihr ja in einer ganz normalen Boutique ein schickes weißes Kleid, das Ihr am Tag der Feier kurzerhand zum Brautkleid erklärt. Für den Bräutigam empfiehlt es sich ohnehin, einen eleganten dunklen Anzug zu wählen, der auch später im Beruf oder zu besonderen Anlässen getragen werden kann. Allein schon die Kombination mit einem Manschettenhemd unter silbergrauer oder cremeweißer Weste und Krawatte sowie eine weiße Blume im Knopfloch verwandelt den Träger eines solchen Anzugs unmissverständlich in den Gastgeber einer Hochzeit.

Die 5 schlimmsten Pannen mit unpraktischen Brautkleidern:

• Braut im engen Korsett wird bei Sommerhitze ohnmächtig

• Schleier fängt an einer Tischkerze Feuer

• Braut stürzt mitten auf der Tanzfläche über den zu langen Rock

• Hochgesteckter Rock verheddert sich, und der Stoff reißt

• Ausladender Reifrock fegt Rotweingläser vom Tisch und bekommt Flecken ab

Sünde 27: Mangelnde Souveränität

Haben Sie auch Musik?

Das nette kleine Landhotel, in dem ich schon viele tolle Feiern begleiten durfte, beherbergt diesmal eine Gruppe von 35 Personen. Entsprechend familiär ist die Stimmung beim Sektempfang im Park. Ich zupfe sanfte brasiliani-sche Klänge auf der Jazzgitarre, während die Gäste unter der milden Spätsommersonne gemütlich beisammensit-zen. Ein sympathisch wirkender Mann Mitte 40 macht zahlreiche Fotos. Er ist kein professioneller Fotograf, son-dern ein Onkel der Braut Angelika. Ich finde es sehr nett, dass er sich für seine Nichte und ihren Mann Klaus so viel Mühe gibt.

Später beim Essen im Haus lasse ich wie immer ent-spannte Hintergrundmusik vom DJ-Pult laufen. Der nette Onkel sitzt in vier Metern Entfernung schräg vor mir und steht ab und zu auf, um weitere Impressionen von der Feier einzufangen. Zwischen dem zweiten Gang und der Hauptspeise kommt er zu mir. Er fragt: »Haben Sie auch Musik?« Bei dem Wort »Musik« bewegt er die Fin-ger beider Hände wie krabbelnde Spinnen und schwenkt die Arme von links nach rechts, als würde er auf einem unsichtbaren Klavier spielen. Er wirkt fahrig und ge-nervt.

Ich bin verwirrt. »Meinen Sie, ob ich nicht nur Gitarre spiele, sondern auch Keyboard?«

»Nein, ob Sie überhaupt Musik haben.«

Ich sehe ihn ratlos an. Mit scharfem Tonfall fährt er fort: »Sie spielen die ganze Zeit nur Blues!«

Nun verstehe ich gar nichts mehr. Was meint er? Die Hintergrundmusik, welche ich hier abspiele, reicht von entspanntem Pop von Norah Jones und Jack Johnson über Lounge-Sounds von Air bis hin zu klassischer Musik von Vivaldi. War da bis jetzt auch nur ein einziger Bluessong dabei? Mir fällt keiner ein. Auch auf der Jazzgitarre habe ich vorhin keinen gespielt, weil Bossa Nova einfach besser zu dem sonnigen Wetter passte. Und selbst wenn doch, was ist denn an Blues auszusetzen? Aus dem Genre gibt es doch wunderschöne Klassiker.

Der Mann stützt sich auf mein DJ-Pult und beugt sich zu mir. Mit gesenkter Stimme sagt er: »Wissen Sie, wie man das früher genannt hat, was Sie da spielen? Afrikanische Negermusik.«

Ehe ich irgendetwas erwidern kann, dreht er sich um und geht weg. Ich bin geschockt: Der nette Onkel mit der großen Fotokamera entpuppt sich als schamloser Rassist. Noch dazu hat er offensichtlich überhaupt keine Ahnung von Musik. Sein unerwarteter Angriff bringt mich völlig aus dem Konzept. Für einen Moment weiß ich gar nicht, was ich als Nächstes auflegen soll.

Schnell suche ich einen Song raus, der dieser dreisten Attacke auf die Menschenwürde etwas entgegensetzen kann. Die Ballade *What a wonderful World* von Louis Armstrong erklingt mit zeitlosem Charme. Sie erzählt von Liebe, Freundschaft und der Schönheit in der Welt. Der nette Onkel sitzt wieder an seinem Platz und scheint weder dem Lied noch mir weitere Beachtung zu schenken.

In der nächsten halben Stunde bin ich wie gelähmt und gebe trotzdem mein Bestes, weiterhin schöne Songs zu spielen. Sie können allerdings nicht helfen, meine innere Anspannung abzubauen. Die negative Energie dieses Menschen, der ein paar Meter entfernt genüsslich seinen Hauptgang verspeist und so tut, als wäre nichts, ist für mich unerträglich. Nicht einen einzigen Blick hat er seit dem Vorfall in meine Richtung geworfen. Ich muss das irgendwie auflösen, ohne die Brautleute damit zu belasten. Angelika und Klaus auf die fragwürdige Gesinnung des scheinbar netten Onkels anzusprechen würde ihnen die Laune verderben. Natürlich darf ich auch nicht vor allen Gästen einen Streit mit dem hilfsbereit wirkenden Hobbyfotografen anfangen. Ein Eklat ist das Letzte, was diese gemütliche Hochzeitsfeier braucht.

Trotzdem kann ich das so nicht stehen lassen. Ich atme tief durch und gehe zu ihm. Ich gebe mir äußerste Mühe, sachlich zu klingen: »Wenn Ihnen die Auswahl der Musik nicht gefällt, tut mir das leid. Ich möchte Sie aber darauf hinweisen, dass ich ein ausführliches Vorgespräch mit dem Brautpaar geführt habe. Die beiden haben mir genau ihre musikalischen Wünsche genannt, und die setze ich um.«

Er hebt die Hände und lacht gekünstelt. »Ja, Entschuldigung, das tut mir leid. Es war nicht so gemeint.«

Er tut das Ganze ab, als hätte er nicht kurz zuvor alle farbigen Menschen auf der Welt beleidigt und grundlos meine berufliche Kompetenz in Frage gestellt. Ehe ich angesichts seiner verlogenen Harmlosigkeit doch noch meine Beherrschung verliere, kehre ich an meinen Platz zurück. Zum Wohle aller muss ich leider darauf verzichten, diesem verkappten Rassisten meine Meinung zu sagen. Stattdessen mache ich das, wofür ich bezahlt werde:

Musik auflegen, die dem Brautpaar und allen Gästen mit Ausnahme des netten Onkels gefällt. Mehr kann ich in dieser Situation nicht tun, und ich hoffe, dass dieser Mensch mich nun mit seinen unsachlichen Kommentaren verschont.

Macht klare Ansagen

Viele Brautpaare bauen darauf, dass bei der Hochzeitsfeier alles schon von alleine läuft und dass die Gäste und die Dienstleister immer wissen, wie sie sich zu verhalten haben. Leider funktioniert das so gut wie nie. Es ist ein Fehler, sich darauf zu verlassen, dass auch ohne Ansagen der Gastgeber alles in die richtige Richtung laufen wird.

Zunächst einmal solltet Ihr allen beteiligten Dienstleistern vor der Feier ganz klare Anweisungen geben. Das gibt ihnen die nötige Rückendeckung, um sich in Eurem Sinne gegenüber den Gästen korrekt zu verhalten. Im Beispiel eben habe ich mich auf die Absprache mit dem Brautpaar berufen und konnte damit eine unangenehme Situation entschärfen, die mich sonst von meiner Arbeit abgelenkt hätte. Ihr sollt ja an Eurem großen Tag am besten gar nicht mit Nebensächlichkeiten belastet werden. Gegen die Wünsche der Gastgeber haben die Gäste meistens nichts einzuwenden. Wenn Ihr beispielsweise keine aggressive Heavy-Metal-Musik duldet und das dem DJ sagt, dann wird er die Wünsche einzelner Personen nach Songs von Motörhead oder Iron Maiden ablehnen. Mit dem Hinweis auf Eure ausdrücklichen Vorgaben lassen sich selbst hartnäckige Kandidaten in der Regel friedlich abwimmeln.

Ähnliches gilt für die Gastronomie. Es werden natürlich nur die Getränke ausgeschenkt, die in Eurer Pauschale enthalten sind, und wer etwas anderes will, soll es selbst bezahlen. Überflüssige Diskussionen können auch hier mit dem klaren Hinweis auf Eure Wünsche vermieden werden (zu Eurer Getränkewahl werde ich im folgenden Kapitel noch einige Anregungen geben).

Deutliche Ansagen müsst Ihr aber auch während der Feier Euren Gästen gegenüber machen. Ihr solltet vor anstehenden Programmpunkten darüber informieren, was als Nächstes passieren soll. Sonst entsteht eine allgemeine Unsicherheit, wie man sich nun zu verhalten habe, oder es macht sich Unzufriedenheit darüber breit, dass der Ablauf schlecht geplant ist.

Ergreift also beispielsweise das Wort, wenn die Gäste sich gemeinsam irgendwo hinbewegen sollen. Etwa: »Wir gehen nun alle gemeinsam für zehn Minuten vors Haus und machen ein Gruppenfoto. Danach erwartet uns im Speisesaal das Buffet.« Das hat nichts mit Bevormundung zu tun, sondern im Gegenteil: Eure Gäste erwarten und schätzen klare Ansagen!

Wenn Euch das Sprechen vor Gruppen ängstigt oder Ihr an Euren Fähigkeiten als Redner zweifelt, dürft Ihr diese Aufgabe ruhig dem Zeremonienmeister übertragen. Charmanter aber ist es, wenn Ihr als Gastgeber selbst aktiv bleibt.

Schafft stets eine klare Erwartungshaltung, dann fühlen sich alle wohl. Besonders wichtig ist das bei der Begrüßungsrede. In Kapitel 4 habt Ihr gesehen, wie man das nicht machen sollte. Dort hatte der Bräutigam alle Gäste einzeln vorgestellt und dabei auch noch den Fauxpas begangen, auf einen Singletisch hinzuweisen. Das alles dauerte viel zu lang und sorgte für eine peinliche Situation.

Haltet die Begrüßungsrede am besten knapp und

stellt keine Einzelpersonen vor, sondern fasst die Gruppen an den jeweiligen Tischen zusammen. Beispielsweise: »Am Tisch Augsburg sitzen meine Studienkollegen und Freunde aus der Schulzeit. Am Tisch Paderborn haben sich die Verwandten meiner Frau eingefunden.« Und so weiter. Einzelne Personen könnt Ihr dann hervorheben, wenn sie Euch bei der Vorbereitung der Feier unterstützt haben. Ebenfalls solltet Ihr besonders weit angereiste Gäste aus anderen Ländern erwähnen und natürlich Eure engsten Familienmitglieder.

Nach der Vorstellung könnt Ihr einen kurzen Ausblick auf den weiteren Verlauf des Abends geben: »Zunächst wird eine Suppe am Platz serviert, danach gibt es ein Buffet, und später würden wir uns freuen, wenn alle fleißig tanzen.« Das ist eine gute Gelegenheit, um den DJ kurz vorzustellen mit dem Hinweis, dass er jederzeit für Musikwünsche angesprochen werden kann. So fühlen sich die Gäste von Anfang an gut aufgehoben.

Wichtig: Die Begrüßungsrede solltet Ihr erst halten, wenn der Getränkeservice einmal durch ist und alle Gäste gefüllte Gläser haben. Denn am Ende der Ansprache werden Euch alle zuprosten wollen.

Denkt während der restlichen Feier daran, dass Ihr Euch als Gastgeber ruhig wie die Chefs verhalten könnt und sogar solltet. Teilt der Hochzeitsgesellschaft auch mit, wenn Ihr auf etwas keine Lust habt. Beispielsweise ist es Brauch, dass Ihr Euch küssen »müsst«, wenn alle im Saal gemeinsam mit Löffeln an ihre Gläser schlagen. Das kann ein-, zweimal ganz witzig sein. Aber wenn die Leute es übertreiben und immer wieder genau dann klirren, wenn Ihr gerade an unterschiedlichen Tischen mit Gästen im Gespräch seid, nervt das einfach nur noch. Warum solltet Ihr jedes Mal quer durch den Raum hetzen, nur um Euch einen Kuss zu geben? Eine witzige Bemerkung kann da Wunder wirken. Etwas in dieser Art: »Leute, danke, dass Ihr uns so gerne beim Küssen zuschaut. Aber wir möchten lieber später in Ruhe knutschen, denn jetzt sind wir zum Feiern hier.«

Je souveräner Ihr auftretet, desto wohler fühlen sich die Gäste. Schließlich ist der ganze Anlass Euch beiden gewidmet, und falsche Bescheidenheit erwartet niemand. Im Gegenteil, alle freuen sich mit Euch, wenn Ihr an Eurem großen Tag wie echte Stars rüberkommt. Das lässt sich gut an einem weiteren Brauch zeigen: Grundsätzlich dürfen die männlichen Gäste ihr Jackett erst ablegen, wenn der Bräutigam seins ausgezogen hat. Bloß müssen die Männer überhaupt erst mal mitbekommen, wenn es so weit ist. Viele werden mit dem Rücken zum Brauttisch sitzen oder in Gespräche vertieft sein und deshalb nicht bemerken, wenn der Gastgeber still und leise das Jackett abstreift. Es hilft allen, wenn der Bräutigam dafür aufsteht und gegebenenfalls auch noch ansagt, dass jetzt alle ablegen dürfen. Meistens gibt es dafür sogar Applaus, vor allem, wenn es im Festsaal sehr warm ist. Also macht Euch beliebt, indem Ihr den Gästen in den richtigen Momenten Eure Führungsqualitäten zeigt!

5 Pannen, die durch klare Ansagen der Gastgeber vermieden werden können:

- Unangekündigtes Gruppenfoto im Freien, auf dem zahlreiche Gäste nicht vertreten sind

- Brautpaar verlässt, ohne Bescheid zu sagen, den Sektempfang für Paarfotos, und keiner weiß, wo die Gastgeber abgeblieben sind

- Ein Teil der männlichen Gäste behält das Jackett an, während der Rest das Ablegen des Bräutigams bemerkt hat und hemdsärmlig an den Tischen sitzt

- Dienstleister werden von einzelnen Gäste mit schlechten Manieren genervt und dadurch von ihrer eigentlichen Aufgabe abgelenkt

- Niemand traut sich den DJ anzusprechen, weil er nicht vorgestellt wurde

Sünde Nr. 28: Vollrausch

Angriff der Cocktailbomben

Beim Anblick der Verwüstung frage ich mich, wie es so weit kommen konnte. Was jetzt aussieht wie ein Schlachtfeld, war vor wenigen Stunden noch ein festlicher Ballsaal in einem der vornehmsten Hotels Hamburgs gewesen. Gelegen auf einem Hügel im Elbvorort Blankenese bietet es Fünfsternegastronomie und Suiten jenseits der 400-Euro-Grenze. Erik und Abigail haben sich für ihre Feier den großen Saal mit beeindruckender Empore und Kronleuchtern geleistet. Da die Braut Kanadierin ist, sind viele der über 130 Gäste aus Übersee angereist. Die Gesamtkosten dieses Festes sprengen meine Vorstellungskraft.

Ich vermute, dass Abigails Vater das Ganze großzügig bezuschusst. Die familiäre Herkunft aus gehobenen Kreisen ist Abigail deutlich anzumerken. Sie wirkt wohlerzogen. Im Vorgespräch hatte sie mich gebeten, der englischsprachigen Verwandtschaft zuliebe keine Musik mit »Explicit Lyrics« zu spielen. Das heißt, ich sollte Songs meiden, in denen Schimpfworte vorkommen. Partykracher wie *Fuck You* von Cee Lo Green und viele erfolgreiche Hip-Hop-Titel fielen damit schon mal weg. Für dieses Fest habe ich mir zur Wahrung des Dresscodes sogar extra einen Smoking geliehen.

Die anfangs steife Feier entwickelte sich zunehmend zu einer heftigen Party, bei der ein Cocktail nach dem anderen über den Tresen ging. So mancher hier hat sich mit hochprozentigen Mixgetränken aller Art ins Nirvana geschossen, unter anderem der deutschstämmige Bräutigam Erik. Nun ist es halb sechs Uhr in der Früh, und das Licht der aufgehenden Sonne beleuchtet unbarmherzig die Tanzfläche, die mit Scherben übersät ist. Erik hat soeben mit lautem Scheppern ein Tablett mit einem Dutzend Gläsern Cuba Libre fallen lassen. Die braune Cola-Rum-Soße hat vier der verbliebenen 15 Gäste vollgespritzt und verteilt sich nun auf dem Parkettboden. Erik ist so sternhagelvoll, dass er sich bewegt wie ein Matrose bei hohem Wellengang. Wankend steht er neben der großen Pfütze und betrachtet das Missgeschick mit einem dümmlichen Grinsen. Seine Braut Abigail eilt zu den Betroffenen und betupft mit Servietten die schicken Kleider und Smokings. Sie hat im Gegensatz zu ihrem Mann lediglich etwas Wein und viel Wasser getrunken, so dass sie die Erfordernisse der Situation sofort erkennt und entsprechend handelt.

Was Erik nun tut, ist dagegen alles andere als angemessen. Zu den Klängen des Songs *Somebody That I Used To Know* von Gotye torkelt er im Zickzack zurück zur Theke und raunt dem Barkeeper etwas ins Ohr. Dieser füllt daraufhin ein weiteres Dutzend Gläser mit Cuba Libre, die vermutlich kein Mensch hier anfassen möchte. Allein der Alkoholgestank von der Tanzfläche ist schon so penetrant, dass einem jegliche Gelüste auf einen solchen Cocktail vergehen. Das einstmals weiße Hemd des Bräutigams klebt durchnässt und speckig an seinem Oberkörper. Man möchte am liebsten einen weiten Bogen um ihn machen.

Abigail ist so beschäftigt mit der Versorgung der besudelten Gäste, dass sie Eriks zweiten Versuch gar nicht bemerkt. Schon an der Theke schwappen die Gläser auf seinem Tablett über, weil er so stark wankt. Der Barkeeper traut sich offensichtlich nicht, den Gastgeber des teuren Festes zurückzuhalten. Der Kunde ist ja König und kann machen, was er will … Ich mag kaum hinschauen, als sich Erik ruckartig mit der heiklen Fracht in Richtung Tanzfläche bewegt. Die Katastrophe ist für alle absehbar, nur nicht für den besoffenen Bräutigam.

Ein Komiker wie Jim Carey hätte die folgende Choreographie nicht besser hinbekommen: Erik steuert torkelnd die selbst fabrizierte Pfütze auf der Tanzfläche an. Hatte ich schon erwähnt, dass er glatte Ledersohlen trägt? Die rutschen ausgezeichnet auf Flüssigkeiten jeder Art. Kaum auf der feuchten Lache angekommen verselbstständigen sich Eriks Beine, und er macht so eine Art Moonwalk, wie ihn Michael Jackson kaum besser abgeliefert hätte. Bloß dass er sich im Gegensatz zum King of Pop dabei nicht rückwärts bewegt, sondern auf der Stelle tritt. Es sieht aus, als würde er sich gegen eine unsichtbare Kraft stemmen.

Dann folgt eine weitere Bewegung, die von Jacko geklaut zu sein scheint. Kennt Ihr das Video zu *Smooth Criminal*? Da lehnt Michael seinen gestreckten Körper so weit nach vorne, dass er eigentlich umkippen müsste, ehe er sich wie von Geisterhand wieder aufrichtet und weitertanzt. So ähnlich sieht das jetzt bei Erik aus. Bloß dass die Erdanziehung im realen Leben natürlich nicht außer Kraft gesetzt ist. Folglich dauert es nur Sekundenbruchteile, ehe der Bräutigam aus der Schräglage mit der Brust voran auf den Boden knallt. Allerdings nicht ohne vorher das Tablett loszulassen, so dass zum zweiten Mal zwölf volle Gläser kreuz und quer durch die Luft fliegen. Ich gehe instinktiv hinter meinem Pult in Deckung, doch zum Glück kommt keine der Cocktailbomben bei mir runter.

Nachdem das letzte Klirren und empörte Rufe verklungen sind, wage ich mich wieder nach oben. Da der Song von Gotye soeben ausgeklungen ist und ich vor lauter Schreck keinen neuen nachgelegt habe, herrscht völlige Stille. Glücklicherweise scheint niemand verletzt worden zu sein. Die meisten Gläser sind irgendwo in der Tiefe des mittlerweile leeren Saals aufgeschlagen. Abigail ist so erschrocken, dass sie sich an einem Stuhl festhalten muss. Der wackere Erik dagegen erhebt sich nach einigen rutschenden Anläufen aus der Pfütze, zeigt erneut sein dümmliches Grinsen und setzt sich in meine Richtung in Bewegung. Nach einem schlingernden Slalom steht er vor mir, starrt mich mit glasigen Augen an und lallt: »Warum ist die Musik aus?«

Ich antworte: »Ich denke, für heute reicht es, oder?«

Er schüttelt den Kopf. »Ich zahle dir 100 Euro drauf, wenn du jetzt noch drei Songs spielst.« Er fasst an seine Gesäßtasche, wo sich offenbar normalerweise ein Portemonnaie befindet. Bei seiner beschmutzten Smokinghose ist das nicht der Fall, und er krempelt mit ungeschickten Bewegungen alle Taschen nach außen.

Natürlich ziehe ich dieses aberwitzige Angebot nicht eine Sekunde lang ernsthaft in Erwägung. Ganz klar, der Mann ist völlig hinüber und weiß nicht mehr, was er sagt. Während er weiter nach unsichtbarem Geld sucht, eile ich rüber zu Abigail. Ich frage, ob mit ihr alles in Ordnung ist, und schlage dann vor, dass wir die Feier nun am besten ausklingen lassen sollten. Sie ist völlig meiner Meinung und sieht auch ein, dass nur sie ihren unzurechnungsfähigen Bräutigam überzeugen kann, uns zuzustimmen.

Abigail verabschiedet zunächst die letzten Gäste und geht dann zu Erik hinüber, der mittlerweile zusammengesackt auf einem Stuhl neben meinem DJ-Pult kauert. Sie redet ihm gut zu, dann will sie ihn sanft am Arm nach draußen führen. Allerdings ist Erik mittlerweile so schwach auf den Beinen, dass er sie fast umwirft. Ich komme ihr zu Hilfe und lege seinen nassen Arm um meine Schulter. Gemeinsam geleiten wir den Saufinvaliden zum Fahrstuhl und anschließend in die blumengeschmückte Hochzeitssuite. Wir wuchten den einstmals eleganten Gastgeber wie einen nassen Sack aufs Bett, wo er sofort anfängt zu schnarchen. Abigail bedankt sich bei mir, und wir verabschieden uns mit einer herzlichen Umarmung.

Als ich in den Ballsaal zurückkehre, wird fleißig geputzt. Der Barkeeper bietet mir ein Feierabendbier an.

»Danke, aber nur, wenn es alkoholfrei ist.«

Hochprozentiges verbrennt Gefühle

Sicher möchtet Ihr den Gästen bei Eurer Hochzeit etwas ganz Besonderes bieten. In manchen Punkten kann allerdings weniger mehr sein. Vor allem wenn es zu der Frage kommt, welche Getränke in der Gastronomie-Pauschale enthalten sind. Auch wenn Ihr es noch so gut meint: Cocktails und Longdrinks haben darin nichts zu suchen! Vermutlich wird Euch der Wirt etwas anderes erzählen, aber das tut er nicht aus Nächstenliebe, sondern um seinen Umsatz anzukurbeln. Mit einer Cocktailpauschale lässt sich nämlich richtig viel Geld verdienen…

Durch den Verzicht auf Mixgetränke schont Ihr allerdings nicht nur Euren Geldbeutel, sondern vor allem

Eure Gäste. Denn selbst erwachsene Menschen mit Lebenserfahrung unterschätzen den Alkoholgehalt von Cocktails und Longdrinks. Sie schmecken harmlos erfrischend – und das täuscht darüber hinweg, dass in ihnen reichlich Hochprozentiges enthalten ist. In einem einzigen Cuba Libre, wie Erik sie gleich gläserweise verschüttet hat, verstecken sich 4 cl Rum. Damit hat das Getränk die Wirkung von zwei Schnäpsen auf einmal!

Bitte bedenkt, dass Eurer Hochzeitsfeier ein Sektempfang vorausgeht, bei dem die meisten schon mal mindestens einen Begrüßungsdrink zu sich nehmen. Dann folgt ein ausgedehntes Essen, bei dem Wein und Bier konsumiert werden. Dem Nachtisch folgt meistens noch ein Verdauungsschnaps. Auf Dauer trinken die meisten Gäste bei einem solchen Festmahl viel mehr, als sie gewohnt sind.

Wenn Ihr zusätzlich Cocktails oder Longdrinks anbietet und dies auch noch groß ankündigt, beispielsweise auf der Speisekarte, weckt Ihr sehr wahrscheinlich schlafende Hunde. Viele werden zur Feier des Tages von dem exklusiven Angebot Gebrauch machen, gerade wenn sie schon beschwipst sind und eigentlich besser die Finger davon lassen sollten. Nach dem Motto: Man gönnt sich ja sonst nichts! Das ist sehr menschlich. Leider habe ich schon viel zu viele Hochzeiten erlebt, die dadurch in ein unkontrolliertes Besäufnis ausarteten. Für mich hat das nichts mehr mit einem Fest der Liebe zu tun, wenn die Leute sich im Suff danebenbenehmen. Ihr wollt doch sicher keine Atmosphäre wie auf dem Ballermann!

Aus diesem Grund solltet Ihr auch die Menge des Digestifs kontrollieren. Jeder bekommt auf Wunsch einen Verdauungsschnaps nach dem Essen, das reicht völlig. Wenn Ihr stattdessen Schnaps in unbegrenzter Menge mit auf die Getränkepauschale setzt, passiert nämlich garantiert Folgendes: Irgendwann zu später Stunde holt ein lustiger Geselle von der Theke ein ganzes Tablett mit Kurzen. Wann hat man sonst schon die Gelegenheit, eine Lokalrunde zu schmeißen, ohne einen Cent dafür auszugeben? Der selbstherrliche »Spender« hält dann auf Eure Kosten jedem Partygast das Tablett unter die Nase, und natürlich möchte niemand ein Spielverderber sein. Also werden die Schnäpse angenommen und getrunken, auch wenn man sowieso schon zu viel intus hat. Mit dem Ergebnis, dass viele sich schließlich kaum noch auf den Beinen halten können.

Feiern mit unbeschränkter Getränkepauschale enden daher in der Regel früher und unangenehmer als Feste mit limitierter Alkoholauswahl. Also bleibt am besten bei dem Angebot der Drinks auf dem nüchternen Boden der Tatsachen. Mit Softgetränken, Sekt, Wein, Bier und einem Verdauungsschnaps pro Person gehen die Gäste in der Regel verantwortungsvoll um. Natürlich werden die meisten irgendwann einen Schwips haben, aber eben keinen Vollrausch.

Wer bei der Feier unbedingt einen Longdrink oder einen Whisky trinken will, soll ihn aus eigener Tasche zahlen. Ihr bietet den Leuten schon so viel an diesem wichtigen Tag, für den Ihr vermutlich Tausende von Euros ausgebt. Wer sich dafür nicht dankbar zeigt und womöglich sogar über die bewusst eingeschränkte Getränkeauswahl meckert, der ist – mit Verlaub – ein ignoranter Schnösel! So jemanden braucht man bei künftigen Anlässen gar nicht mehr einzuladen.

Als Kompromiss könnt Ihr auch ein bis zwei beliebte Longdrinks wie Gin Tonic oder Whisky-Cola in die Pauschale aufnehmen, ohne das an die große Glocke zu hängen. Erwähnt es weder auf der Getränkekarte noch bei einer Rede. Diejenigen, die einen solchen Drink schätzen, werden an der Bar gezielt danach fragen. Wem es dagegen nicht so wichtig ist, den verführt Ihr durch diese unauffällige Taktik nicht unnötig.

Eigentlich sollte es selbstverständlich sein, dass vor allem Ihr als Gastgeber maßvoll mit Eurem Alkoholkonsum umgeht. Doch gerade die Bräutigame übernehmen sich in der Aufregung häufig, wie Ihr gerade am Beispiel von Erik gesehen habt. Dass so ein peinliches Verhalten sehr beschämend ist für die Braut und die Familien, ist eine Sache. Darüber hinaus fordert ein solcher Rausch aber auch in anderer Hinsicht einen hohen Preis: Er kann Euch die klare Erinnerung an das wohl wichtigste Fest Eures Lebens kosten. Erik wird jedenfalls vieles nicht mehr wissen von seinem großen Tag. Also achtet bitte im eigenen Interesse gut darauf, dass Ihr nicht zu weit über den Durst trinkt.

Die 5 peinlichsten Aktionen
von Brautleuten im Vollsuff:

- Bräutigam springt vor den Augen aller Gäste nackt in einen See

- Bräutigam fällt die Treppe runter und prellt sich den Arm

- Braut übergibt sich in einen Blumenkübel und verbringt den größten Teil der Feier auf dem Zimmer

- Bräutigam schläft im Sitzen ein

- Bräutigam knallt beim Pogo auf der Tanzfläche gegen den Kopf des Trauzeugen

Sünde 29: Ziellosigkeit

Danke für die Blumen

Die Gastgeberin Mareike will ihren Brautstrauß werfen. Es ist kurz nach Mitternacht bei gelöster Stimmung, also beste Bedingungen. Oft ist es nämlich so, dass sich die Damen unheimlich zieren, zum Fangen der Blumen anzutreten. Laut Tradition wird diejenige, die den Strauß fängt, angeblich als Nächste heiraten. Darauf haben viele Frauen eigentlich gar keine Lust, und entsprechend zurückhaltend ist in der Regel die Begeisterung.

Zu dieser vorgerückten Stunde hilft die Partystimmung mit entsprechendem Alkoholpegel bestimmt, die Hemmungen zu überwinden. Um auf Nummer sicher zu gehen, werde ich aber wie immer diesen Programmpunkt anmoderieren. Ich lasse im Hintergrund *Single Ladies (Put a Ring on It)* von Beyoncé laufen und lege los: »Ich möchte jetzt alle unverheirateten Damen im Raum bitten, auf die Tanzfläche zu kommen. Keine Angst, das hat nichts mit mir zu tun, ich bin in festen Händen. Aber Ihr habt die einmalige Chance, den wunderschönen Brautstrauß von Mareike zu bekommen.«

Die Gastgeberin steht neben mir und hält ein geschmackvolles Gesteck aus weißen Rosen in der Hand. Bräutigam Marcel beobachtet das Geschehen von der

Theke aus. Nach und nach sammeln sich vor uns zehn Damen im Alter von 18 bis Mitte 40. Auf den Gesichtern lese ich eine Gefühlsskala von Unsicherheit bis hin zu Begeisterung. Es scheint so, dass einige hier wirklich große Lust haben, den Blumenstrauß zu fangen. Dafür gibt es aber auch etliche Damen, die sich in der letzten Reihe geradezu verstecken. Ich versuche nun, alle zu motivieren: »Bitte tut unserer bezaubernden Braut einen Gefallen: Ihr duckt Euch nicht, Ihr weicht nicht aus, Ihr wehrt den Strauß nicht ab – nein, ganz im Gegenteil, Ihr greift danach! Ihr wollt diese wunderschönen Blumen unbedingt haben!«

Mareike schließt nun die Augen, und ich drehe sie zweimal vorsichtig im Kreis. Am Ende steht sie in vier Metern Abstand mit dem Rücken zur Gruppe. Sie kann die Frauen hinter sich nicht sehen und wird gleich den Brautstrauß nach hinten werfen. Ich zähle wie bei einem Countdown von drei an rückwärts. Bei der Zahl eins angekommen, setzt Mareike beidhändig zum Wurf an. Offenbar hat sie meine Tipps vergessen, die ich ihr im Vorgespräch gegeben hatte. Einer davon lautete: Auf keinen Fall mit beiden Händen werfen! Sie reißt die gestreckten Arme über den Kopf hoch, und es geschieht das Unvermeidliche: Die Blumen zischen steil nach oben weg, prallen gegen die Decke in drei Metern Höhe und landen dann wie ein toter Vogel weit vor der Gruppe. Keine der Damen hatte auch nur den Hauch einer Chance, sie zu fangen.

Rasch hebe ich den Strauß auf und sage scherzhaft: »Okay, das war nur der Testdurchlauf. Das kriegen wir noch besser hin.«

Ich reiche Mareike das Wurfgeschoß und flüstere ihr zu, dass sie mit nur einer Hand flach über die Schulter werfen sollte. In der Zwischenzeit ist der Song von Beyoncé ausgelaufen, und ich eile zum DJ-Pult, um *Everybody Needs Somebody to Love* vom Blues-Brothers-Soundtrack aufzulegen. Dieser Titel verströmt derart gute Laune, dass das kleine Missgeschick gleich vergessen ist. Im Publikum wird fröhlich mitgeklatscht.

Ich moderiere nun hinter dem DJ-Pult weiter, das sich einige Meter seitlich von dem Geschehen entfernt befindet. Erneut zähle ich den Countdown runter. Zwar wirft die Braut nun mit einer Hand, doch irgendwie scheint ihr der Strauß aus den Fingern zu gleiten. Das Bündel fliegt schräg durch den Raum und landet genau in meinen Armen. Ich kann gar nicht anders, als ihn zu fangen! Es gibt zahlreiche Lacher, und ich merke, wie ich rot werde.

»Also gut, das werde ich meiner Freundin erzählen. Aber jetzt versuchen wir das noch mal richtig.«

Es folgen zwei weitere Versuche. Beim ersten wirft Mareike derart fest, dass er von den zum Fangen ausgestreckten Händen abprallt. Erst beim insgesamt vierten Anlauf findet der Brautstrauß seine neue Besitzerin. Ich atme erleichtert auf und lege *One Day/Reckoning Song (Wankelmut Remix)* von Asaf Avidan & The Mojos auf. Der Text passt zu der kleinen Geschichte, die sich hier abgespielt hat:

One day baby we'll be old
Oh baby, we'll be old
And think of all the stories that we could have told

Vielleicht wird Mareike sich später als alte Frau an die Hochzeit zurückerinnern und zu ihrem Mann Marcel sagen: »Weißt du noch, wie bei unserer Hochzeit der DJ den Brautstrauß gefangen hat? Ob der mittlerweile verheiratet ist?«

Brautstrauß werfen wie ein Profi

Es klingt vielleicht unglaublich, aber in neun von zehn Fällen geht der Brautstraußwurf schief. Zumindest, wenn er vorher nicht geübt wurde. Denn es handelt sich hier um einen Bewegungsablauf, den kein Mensch im Alltag ausführt. Wann habt Ihr zum letzten Mal etwas rückwärts geworfen, ohne das Ziel zu sehen? Ich tippe mal, dass die wenigsten Menschen überhaupt jemals eine solche Bewegung ausführen. Außer eben beim Wurf des Brautstraußes, und der findet im Idealfall ja nur einmal im Leben statt…

Erst seit ich angefangen habe, in den Vorgesprächen angehenden Bräuten einige Tipps zu diesem Thema zu geben, hat sich die Quote drastisch verbessert. Mittlerweile scheitert höchstens noch einer von fünfzehn Würfen. Deshalb möchte ich hier erläutern, was überhaupt schiefgehen kann und wie Ihr Eure Chancen erheblich verbessern könnt. Probiert es am besten einfach mal zu Hause mit einem Putzlappen oder einem anderen harmlosen Gegenstand aus, der nichts kaputt machen kann. Ihr werdet sofort merken, wovon ich hier rede.

Der häufigste Fehler ist der Wurf mit beiden Händen und gestreckten Armen über den Kopf. Das hat Mareike beim ersten Versuch gezeigt. Da man die Schultern nicht nach hinten biegen kann, wird der Strauß bei dieser Bewegung automatisch steil nach oben wegzischen. Entweder er knallt dann an die Decke, wie es der Braut eben passiert ist, oder er fliegt viel zu hoch über die Gruppe potenzieller Fängerinnen weg.

Werden die Arme bei der beidhändigen Bewegung über dem Kopf am Ellbogen abgeknickt, rasen die Blumen sehr wahrscheinlich mit hoher Geschwindigkeit schräg auf den Boden zu und sind sehr schwer zu fangen.

Am einfachsten ist es, den Strauß mit nur einer Hand flach über die Schulter zu werfen. Dabei ist einerseits die Wurfrichtung entscheidend, damit nicht etwa Euer DJ am Rand der Tanzfläche in die Verlegenheit kommt, das Gebinde zu fangen. Die grundsätzliche Richtung lässt sich mit einigen Probewürfen schnell in den Griff bekommen. Die größere Schwierigkeit aber ist die richtige Wurfgeschwindigkeit. Wirft man zu fest, prallt der Strauß wahrscheinlich von den zugreifenden Händen ab oder die Damen weichen im Reflex aus. Ist der Wurf zu leicht, kommt er gar nicht bei der Gruppe an.

Probieren geht über studieren: Testet verschiedene Wurftechniken in Ruhe zu Hause mit einem harmlosen Gegenstand und stellt Euch vor, jemand soll ihn fangen. Ich bin sicher, dann wird der Brautstraußwurf auf Eurer Hochzeit gleich beim ersten Versuch klappen.

Es gibt mehrere Zeitpunkte, an denen dieses Ritual gut passt. Es muss gar nicht auf der Abendfeier stattfinden, sondern kann beispielsweise auch beim Standesamt oder in der Kirche passieren. Falls Euch der Abend dafür geeigneter erscheint, solltet Ihr es nicht zu früh ansetzen. Am besten werft Ihr den Strauß erst, wenn die Tanzfläche schon seit einer Weile eröffnet und die Stimmung aufgelockert ist. Dadurch vermeidet Ihr, dass die Damen sich übermäßig sträuben oder verkrampfen. Dieser Programmpunkt soll ja ein Spaß sein, keine unangenehme Verpflichtung.

Übrigens solltet Ihr zuerst bei der Planung prüfen, ob überhaupt genügend unverheiratete Frauen anwesend sein werden. Wenn die Gruppe kleiner ist als fünf Personen, dann ist das eher peinlich. Nach dem Motto: Die haben also noch keinen abbekommen! Das ist noch unangenehmer, als an einem Singletisch platziert zu sein, da das Ganze wie auf einer Bühne vor Publikum stattfindet. Bei zu wenigen Teilnehmerinnen solltet Ihr auf den Brauch besser ganz verzichten, um niemanden in Verlegenheit zu bringen.

Falls die Zielgruppe groß genug ist, solltet Ihr nicht zu sehr auf die Teilnahme aller unverheirateten Frauen pochen. Wer in dem Moment keine Lust hat, sollte nicht dazu gezwungen werden. Ich habe schon erlebt, dass Bräute oder Trauzeuginnen weibliche Gäste gegen ihren Willen herbeigezerrt haben. So etwas würde ich als Gentleman niemals tun, und das hat der ganzen Sache meines Erachtens einen schalen Beigeschmack gegeben. Besonders unangenehm kann es wirken, wenn beispielsweise eine ältere Tante dabei ist, die seit Jahren in einer Lebensgemeinschaft ohne Trauschein lebt. Sie wird sich bestimmt nicht gern wie eine »alte Jungfer« präsentieren wollen. Wenn eine Frau partout nicht teilnehmen möchte, wird sie ihre Gründe haben, und das gilt es zu respektieren.

Die 5 häufigsten Pannen
beim Brautstraußwurf:

- Beidhändiger Wurf mit gestreckten Armen über den Kopf, und der Strauß knallt an die Decke

- Zu wenig Schwung, und der Strauß landet vor der Gruppe

- Zu fester Wurf, und der Strauß prallt von zugreifenden Händen ab

- Frauen werden gegen ihren Willen zur Teilnahme gezwungen

- Unmotivierte Frauen weichen dem Wurf aus

Sünde 30: Autoritätsverlust

Einer geht noch

Als vor einer Stunde um vier Uhr früh die letzten Töne von Frank Sinatras *My Way* verklungen waren, wäre das ein grandioser Abschluss für diese bombastische Feier gewesen. Doch die friedliche Stille nach dem letzten Song war nur von kurzer Dauer, denn sofort wurde mein DJ-Pult von einer Horde betrunkener Partygäste umlagert. Kaum ein Dutzend Leute waren noch da, aber die zeigten sich äußerst hartnäckig. »Los, DJ, einen Song noch«, hieß es von mehreren Seiten. Das Brautpaar Julia und Hubertus haben nichts dagegen unternommen. Auf meine Frage, ob ich nun tatsächlich weitermachen soll, haben sie nur unsicher genickt. Und so nahm das Elend seinen Lauf.

Zunächst einmal verlängerte die Gastronomie Raummiete und Service, die eigentlich um vier Uhr geendet hätten. Dadurch muss das Brautpaar für die zusätzliche Stunde satte 400 Euro drauflegen, was sie schweren Herzens in Kauf nahmen. Das war allerdings keine gute Investition. Denn die verbliebenen Gestalten hier sind alles andere als dankbar und benehmen sich auch nicht mehr dem Anlass entsprechend.

Hier die fünf traurigen Highlights aus der letzten Stunde:

1. Trauzeuge Erwin trägt seine Krawatte als Stirnband, und die Knöpfe seines Hemdes fliegen davon, als er es sich zu *Song 2* von Blur vom Leib reißt. Ab dann torkelt er in einem durchgeschwitzten weißen T-Shirt herum, während das Hemd an seinem Rücken herunterhängt und auf dem Boden schleift.

2. Ines, die zwanzigjährige Nichte der Braut, belagert mein DJ-Pult. Ihre Zunge klebt nach diversen Gläsern Gin Tonic so hartnäckig am Gaumen, dass sie beim Reden kaum zu verstehen ist. Ob ich Single sei und hier im Hotel übernachte? Beides verneine ich. Ob ich ihr später die Füße massieren könnte? Die täten so weh, weil sie so viel getanzt hätte, denn die Musik sei ja so was von geil gewesen! Ich werfe einen Hilfe suchenden Blick zu ihrem Freund Patrick, doch der schlummert auf einem Barhocker an der Theke, den Kopf auf die verschränkten Arme gebettet. Also muss ich es alleine schaffen, seine aufdringliche Freundin loszuwerden. Gutes Zureden hilft nicht, und so bleibt nur noch eins: Ich führe sie eigenhändig zur Theke, setze sie neben ihren bewusstlosen Lebensgefährten und bestelle noch einen Gin Tonic für sie. Dabei sage ich dem Barkeeper leise ins Ohr, er möge keinen Alkohol rein tun. Ein Placebo ist hier genau das Richtige. Ines merkt sowieso nichts mehr, und als ich sie zurücklasse, döst sie auch schon halb auf Patricks schlaffer Schulter.

3. Raffael, ein entfernter Verwandter der Braut, steht vor der gläsernen Terrassentür schwankend im Licht der aufgehenden Sonne und entleert seine Blase in ein Blumenbeet.

4. Der Vater des Bräutigams will mit einem halben Dutzend flambierter Sambuca auf einem Tablett die Theke verlassen, doch schon beim Anheben fallen die Gläser um. Durch das Verschütten des brennenden Alkohols fängt das ganze Tablett Feuer. Der Barkeeper wirft geistesgegenwärtig ein nasses Handtuch darauf. Der Vater lacht über das »harmlose kleine Missgeschick«. Er lässt das gelöschte Tablett stehen und widmet sich dann glücklicherweise doch lieber wieder seinem bewährten Bierglas am anderen Ende des Tresens.

5. Ein Taxifahrer betritt den Raum und wird mit dem grölenden Ruf »Ausziehen!« empfangen. Die Person, die das Taxi bestellt hat, gibt sich nicht zu erkennen. Stattdessen singen nach einigem Hin und Her schließlich alle im Chor: »Du kannst nach Hause gehen, du kannst nach Hause gehen…« Der arme Mann zieht frustriert ab und muss sich andere Kunden für seine unterbezahlte Nachtarbeit suchen.

Ich könnte noch weitere Eindrücke von den letzten Gästen schildern. Es ist der typische »harte Kern«, wie er am Ende auf so vielen Hochzeitsfeiern zu finden ist. Die Besetzung ist natürlich auf jedem Fest unterschiedlich, aber das Ergebnis immer dasselbe: verlebte Gesichter, unangenehme Körpergerüche und hirnloses Geschwätz im Alkoholrausch. Oft ist das Ganze verbunden mit der unfreiwilligen Zerstörung von Gläsern oder sonstigem Inventar und manchmal auch mit unappetitlichen Begebenheiten. Weitere Details möchte ich Euch hier ersparen.

Viel wichtiger ist die Frage, wie unser Brautpaar die Situation empfindet. Zwar ertragen Julia und Hubertus das Geschehen tapfer, doch fröhlich sehen sie nicht aus. Wo ist die festliche Atmosphäre vom Anfang der Feier geblieben? Wo ist die Herzlichkeit? Was ist aus der friedlichen Tanzparty geworden? Alles ist übergegangen in verblödeten Stumpfsinn, der allenfalls einer Affenhorde gerecht würde. Kein zivilisierter Mensch kann das für seine eigene Hochzeit wollen!

Als sich die grausige Verlängerungsstunde dem Ende nähert, schlage ich den beiden vor, nun wirklich den letzten Song zu spielen. Sie stimmen erleichtert zu. Ich lege *Gute Nacht, Freunde* von Reinhard Mey ein und wappne mich innerlich schon mal für den Ansturm der Besoffenen. Diesmal werde ich ihm nicht nachgeben und das tun, was schon vor einer Stunde hätte getan werden müssen: Das Fest beenden!

Ihr bestimmt, wann Schluss ist!

Den stimmigen Ausklang einer Hochzeitsfeier zu schaffen, erfordert Charakterstärke. Macht Euch darauf gefasst, dass es auf jeden Fall Leute geben wird, die immer weitermachen wollen. Lasst Euch von ihnen das Zepter bloß nicht aus der Hand nehmen: Ihr seid die Gastgeber, allein Euretwegen sind alle hier, und Ihr seid auch die Einzigen, die über das Ende der Feier entscheiden. Die Weisheit, man solle immer aufhören, wenn es am schönsten ist, gilt ganz besonders für das Fest des Herzens.

Es gibt einen magischen Zeitraum, in dem viele Hochzeitsfeiern ganz friedlich ausklingen, nämlich zwischen drei und vier Uhr früh. Bedenkt, wie lange Ihr zu dieser Zeit schon auf den Beinen seid: Meistens fängt es bereits vormittags mit dem Styling der Braut an. Dann kommt das Standesamt oder die Kirche, vielleicht sogar beides.

Fotos, Empfang, Abendessen und so weiter. Gegen vier Uhr früh seid ihr vermutlich seit 16 Stunden oder länger in Aktion. Es ist keine Schande, wenn Euch irgendwann die Kräfte verlassen und Ihr Schluss machen wollt.

Ich habe auch einige fantastische Feiern erlebt, die bereits um zwei Uhr endeten. Es geht nicht um Quantität, sondern um Qualität. Bloß weil ein Fest länger dauert als ein anderes, muss es noch lange nicht schöner sein. Im Gegenteil, meistens enden künstlich verlängerte Hochzeiten genau so, wie Ihr Euch das vermutlich nicht wünscht. Nämlich in einem peinlichen Absturz der letzten Gäste, der das Niveau der Feier beim Endspurt in den Keller reißt.

Als neutraler Beobachter erkenne ich bei meinen DJ-Einsätzen regelmäßig einen gewissen Zeitpunkt, ab dem das Verhalten der Gäste nichts mehr mit einer Hochzeit zu tun hat. Man könnte dann die Leute einfach in ein Taxi verfrachten, sie bei der nächsten Kneipe absetzen, und dort würden sie hemmungslos weiterzechen, egal ob die Brautleute dabei sind oder nicht. Spätestens wenn dieser Punkt überschritten ist, sollte das Ende einer Hochzeitsfeier eingeleitet werden. Bestimmt werdet Ihr spüren, wenn die Gäste eigentlich genug haben und bloß kein Ende finden. Dabei müsst Ihr ihnen helfen.

Euer wichtigster Verbündeter ist dann der DJ. Über die Musikauswahl kann er die Stimmung zum Ende hin steuern. Ich nenne diese wichtige Phase »Cool Down«. Der Begriff stammt aus dem Sport und bezeichnet das Herunterfahren des Kreislaufs am Ende einer Trainingseinheit. Ähnlich wie ein beanspruchter Körper muss auch eine tanzende Hochzeitsgesellschaft auf das Ende der Feierlichkeit vorbereitet werden. Dabei wird nicht etwa ein musikalischer »Rausschmeißer« nach dem anderen gespielt, um die Leute zu vergraulen. Vielmehr ist es ein Schwenk von der ausgelassenen Party hin zu zarteren Gefühlen. Das harmonische Miteinander der Gäste wird gefördert, und anwesende Paare tanzen eng umschlungen. Es geht um den friedlichen Ausklang eines wunderschönen Tages, bei dem allen noch mal bewusst wird: Wir sind hier auf einer Hochzeit!

Dafür benötigt der DJ etwas Zeit. Um das Schiff der Feier am Ende sicher in den Hafen zu lenken, muss es rechtzeitig und behutsam abgebremst werden. Auf keinen Fall sollte die Party abrupt abgebrochen werden, wenn die Stimmung auf der Tanzfläche gerade am Brodeln ist. Sprecht am besten etwa eine halbe Stunde vor dem gewünschten Ende mit dem DJ. Dann bleibt ihm genug Raum, um die Energie langsam, aber sicher herunterzufahren. So bereitet er die Gäste Schritt für Schritt auf den sich nähernden Abschluss vor. Die letzten zwei oder drei Songs sind dann die finalen Rausschmeißer. Sie können dadurch unterstützt werden, dass das Licht im Raum aufgehellt wird, was Ihr mit der Location oder dem DJ absprechen solltet. Der größte Teil der Gesellschaft wird daraufhin, ohne zu murren, das Feld räumen.

Einige besonders hartnäckige Leute gibt es allerdings so gut wie immer. Sowohl Ihr als auch der DJ müsst ihnen gegenüber konsequent bleiben, wenn das Ende der Feier nicht verdorben werden soll. Es bringt nichts, nach dem Cool Down für wenige betrunkene Meckerer extra noch mal fetzige Musik zu spielen. Wenn der DJ einen guten Job gemacht hat, ist das Ganze mit seinem letzten Song eine runde Sache, und jeder übereifrige Publikumswunsch kann dann nur nach hinten losgehen.

Gelegentlich findet zum Ende einer Hochzeitsfeier das so genannte »Lagerfeuer« statt. Kerzen oder Teelichter werden in der Mitte der Tanzfläche platziert, und die verbliebenen Gäste setzen sich im Kreis darum, entweder auf Stühlen oder auf dem Boden. Die letzten Drinks werden getrunken, und gelegentlich macht eine Flasche Sekt die Runde. Der DJ ist gefordert, besonders gefühlvolle Balladen zu spielen. Das Lagerfeuer dauert über zwei bis drei Songs, dann kommen alle gemeinsam zum Ende. Ich habe bei diesem stimmungsvollen Ausklang schon schöne emotionale Momente miterlebt. Das Lagerfeuer sollte aber nicht erzwungen werden. Wenn es sich ergibt und gut passt, ist es ein geschmackvoller Abschluss. Das Fest kann aber auch auf andere Weise gefühlvoll enden, beispielsweise mit einem letzten Tanz des Brautpaars. Oder einfach mit einem besonders ergreifenden Song, dem nichts mehr hinzuzufügen ist. Weil das Ende eines solchen Festes so stimmungsabhängig ist, lässt sich das nicht planen, und Ihr solltet dem DJ vertrauen, dass er zur von Euch vorgegebenen Zeit den richtigen Schlusspunkt setzt.

5 Rausschmeißer-Songs, die jeder versteht:

- Frank Sinatra – My Way

- Israel Kamakawiwo'ole – Over The Rainbow/ What A Wonderful World

- Reinhard Mey – Gute Nacht, Freunde

- Housemartins – Caravan of Love

- Mario Jordan – Welch ein Tag

Outro

Eine wohlige Gänsehaut zieht sich von meinem Hinterkopf über den ganzen Rücken. Solche magischen Momente berühren mich auch nach all den Jahren als DJ immer wieder. Keiner der 88 Gäste in dem rustikalen Landgasthof sitzt noch auf den Plätzen. Stattdessen hat sich eine lange Menschenkette gebildet, die im Takt zu Grönemeyers *Mambo* durch den Raum tanzt.

Die Spitze bilden Svenja und Kai, das fröhliche Brautpaar. Sie trägt ein schlichtes, elegantes Kleid, dessen Rock kurz unter den Knien endet. Mittlerweile hat sie die hochhackigen Brautschuhe gegen weiße Ballerinas getauscht. Damit steigt sie über die Stühle hinter dem Brauttisch, und alle tun es ihr nach. Bis auf die 93-jährige Oma Traude, die mit den Händen auf der Schulter der 18-jährigen Enkelin Amelie einen kleinen Schlenker über ebenen Boden macht.

Ich mixe den Beat von Shakiras *Waka Waka* unter den Grönemeyer-Song. Bräutigam Kai kommt winkend am DJ-Pult vorbei. Mit seinem schicken dunklen Anzug in tailliertem Schnitt könnte er glatt in einem James-Bond-Film mitwirken. *Mambo* blende ich schließlich komplett in *Waka Waka* über, und die Menschenkette formiert sich auf der Tanzfläche zu einer Spirale. Als die Bewegung ins Stocken gerät, muss ein neuer Rhythmus her. Ich feuere *Let's*

Twist Again von Chubby Checker ab. Die Meute fängt an zu grölen, und die Hüften setzen sich zum Twist in Bewegung. Ein kleiner Kreis bildet sich um die Brauteltern, die den Tanz besonders gut beherrschen. Alle klatschen mit.

Eine unglaubliche Energie hat sich in diesem unscheinbaren Raum aufgebaut. Kein Wunder, es gab ja auch keine Stimmungsbremsen! Wir wurden verschont von blöden Spielen, langweiligen Reden und peinlichen Überraschungen. Nun ist es kurz vor Mitternacht, und keine Hochzeitstorte wird die euphorische Party abwürgen, denn den Kuchen gab es schon zum Dessert. Im Hintergrund wird stattdessen ohne großes Aufsehen der Mitternachtssnack angerichtet: Currywurst und Käseplatte. Das Personal ist gut drauf, und hinter der Theke tanzen die Barkeeper mit. Hier stimmt einfach alles!

Jetzt ist es Zeit, wieder in aktuelle Charts überzugehen. Wir haben das Jahr 2012, und das soll man auch hören. Die Piano-Akkorde aus *I Follow Rivers (The Magician Remix)* von Lykke Li entlocken dem Publikum begeisterte Rufe und Pfiffe. Die jüngeren Gäste tanzen Freestyle, während die ältere Generation einen Discofox aufs Parkett legt. Als sich der Song dem Ende nähert, verrät mir ein Kribbeln in meinem Bauch, was als Nächstes kommen muss. Ich mixe zuerst die Basslinie rein, dann folgt ein Trommelwirbel und der Refrain »Sing Hallelujah« aus dem gleichnamigen 90er-Jahre-Hit von Dr. Alban. Die drei Generationen auf der Tanzfläche reißen kollektiv die Arme in die Luft.

Ich beobachte das bunte Treiben und überlege in Ruhe, wohin die Reise nun musikalisch weitergeht. Dem Brautpaar sei Dank brauche ich keine Angst davor zu haben, dass jetzt noch etwas dazwischenkommt: Es wird keine unliebsamen Unterbrechungen geben. Stattdessen wird getanzt, gegessen, getrunken und gelacht. Freie Fahrt für eine bombastische Feier.

Ich freue mich riesig für Svenja und Kai. Die beiden haben meine Tipps befolgt und bei der Planung alles richtig gemacht. Durch die Konzentration auf das Wesentliche haben sie nicht nur Geld gespart, sondern sich vor allem vor Enttäuschungen geschützt und ihre Nerven geschont. Sie können ihren großen Tag wirklich aus vollem Herzen genießen. Und auch ihren Gästen bieten sie heute etwas ganz Besonderes. Von diesem Fest werden die Anwesenden zweifellos noch lange reden. Sehr wahrscheinlich werde ich das Brautpaar bei einer anderen Feier wiedersehen, denn zehn Gäste haben sich bereits von mir eine Visitenkarte geben lassen.

Die nette blonde Bankettleiterin Eva kommt hinter mein DJ-Pult und sagt: »Das ist ja der Hammer, was hier abgeht. Wenn doch nur alle Hochzeitsfeiern so wären!«

Ich muss grinsen. »Glaub mir, in Zukunft wird es noch viel mehr tolle Feiern geben. Die Ära der stinklangweiligen Hochzeiten mit verstaubten Bräuchen und schlechter Musik ist vorbei. Das muss sich bloß noch herumsprechen.«

Anhang

Meine Hochzeits-DJ-Charts

Es ist ein verbreiteter Irrtum, ein Hochzeits-DJ würde Musik auflegen, die ihm selbst gefällt. Weit gefehlt! Das machen nur schlechte Vertreter der Zunft wie DJ Ulli oder irgendwelche Profilneurotiker, die sich für Künstler halten und ohne Rücksicht auf Verluste ihr Ding durchziehen. Sie sind bei einem solchen Fest fehl am Platz und verkennen völlig ihre Aufgabe.

Unser Job ist es zu erspüren, was beim Publikum ankommt, und den Gästen genau das zu geben, was sie hören wollen. Das Erste, was ich auf einem solchen Fest also mache, ist, meinen persönlichen Geschmack an der Garderobe abzugeben. Würde ich meinen Vorlieben für elektronische Musik, experimentelle Klänge, Minimal Music, Jazz und Latin nachgehen, würde mit Sicherheit kein Mensch tanzen. Auf einer Hochzeit wollen die Leute nämlich nur drei Dinge hören: Hits, Hits und noch mal Hits!

Die folgenden Charts haben also nichts mit meinem Geschmack zu tun, sondern sie basieren auf jahrelanger Erfahrung im Umgang mit Publikum. Ich gebe damit sozusagen ein Berufsgeheimnis preis und hoffe, Ihr bekommt dadurch ein Gefühl dafür, was auf einer Hochzeitsfeier möglich ist. Leider wird Euch das nicht davor bewahren, Geld in einen guten DJ zu investieren. Denn es kommt nicht nur auf die passende Auswahl der Hits speziell für Eure Gäste an, sondern auch darauf, sie im richtigen Moment einzusetzen. Dafür sind Fingerspitzengefühl und Erfahrung nötig.

Dass einige Songs gleich in mehreren Kategorien genannt werden, lässt sich nicht vermeiden. Diese Klassiker sind so weit vorne in punkto Publikumswirksamkeit, dass sie die Konkurrenz in verschiedenen Bereichen hinter sich lassen.

Es sei noch angemerkt, dass diese Liste möglichst zeitlos sein soll. Daher werdet Ihr wenige brandaktuelle Songs aus den Charts finden. Solche Lieder kommen und gehen. Alle Titel, die beispielsweise eine kommerzielle Hit-Fabrik wie David Guetta am Fließband veröffentlicht, sind mal kurz in den Top 10, interessieren aber bereits nach wenigen Monaten oder auch nur Wochen niemanden mehr. Pro Jahr gibt es höchstens drei bis fünf Songs, die den Sprung von der Eintagsfliege zum echten Dance Classic mit jahrelangem Einsatz schaffen. Die wichtigsten davon habe ich mit berücksichtigt.

5 Musiktitel, die immer die Tanzfläche füllen:
- Miriam Makeba – Pata Pata
- Aretha Franklin – Think
- Bee Gees – Stayin' Alive
- Safri Duo – Played-A-Live (The Bongo Song)
- John Paul Young – Love is in the Air

5 Wünsche von Gästen, die auf Hochzeiten grundsätzlich die Tanzfläche leer fegen:
- Alles von Lady Gaga
- Alle Gewinner von DSDS und sonstigen Casting-Shows
- Alles von Unheilig
- Alles von Rammstein
- »Spiel doch mal Elektro«

Meine 5 effektivsten Dancefloor-Geheimwaffen:
- Doobie Brothers – Long Train Runnin' 93 (Full Guitar Mix)
- Jackson Five – I Want You Back (Z-Trip Remix)
- Black Machine – How Gee
- Proclaimers – I'm Gonna Be (500 Miles)
- Fatboy Slim – The Rockafeller Skank

5 Songs aus den letzten Jahren, die schon jetzt Dance Classics sind:
- Pharell Williams – Happy
- Daft Punk – Get Lucky
- Lykke Li – I Follow Rivers (The Magician Remix)
- Robin Thicke – Blurred Lines
- Carly Rae Jepsen – Call Me Maybe

5 wichtige One-Hit-Wonder:
- John Paul Young – Love Is In The Air
- Sugarhill Gang – Rapper's Delight
- Heroes del Silencio – Entre Dos Tierras
- Lou Bega – Mambo No. 5
- Fairground Attraction – Perfect

5 Raketen aus der Disco-Ära:
- Bee Gees – Stayin' Alive
- Barry White – You're the First, the Last, My Everything
- Earth, Wind & Fire – September
- ABBA – Dancing Queen
- Dan Hartman – Relight My Fire

5 Partykracher aus den 90ern:
- Dr. Alban – Sing Hallelujah
- Faithless – Insomnia
- Dee Lite – Groove Is In The Heart
- Robin S. – Show Me Love
- Reel 2 Reel – I Like To Move It

5 Tanzflächenfüller aus den 80ern:

- Bill Medley & Jennifer Warnes – (I've Had) The Time Of My Life
- Michael Jackson – Billie Jean
- Prince – Kiss
- Madonna – Like A Prayer
- Jermaine Jackson & Pia Zadora – When the Rain Begins to Fall

5 Rock-Songs, die immer gehen:

- Iggy Pop – The Passenger
- Lynyrd Skynyrd – Sweet Home Alabama
- Rolling Stones – Sympathy For The Devil
- Melissa Etheridge – Like The Way I Do
- Red Hot Chili Peppers – Can't Stop

5 Club-Tracks, die selbst Opa hinterm Ofen hervorlocken:

- Will.I.Am feat. Britney Spears – Scream & Shout
- Avicii – Wake Me Up
- Rihanna – We Fond Love
- Paul Kalkbrenner – Sky And Sand
- Asaf Avidan – One Day / Reckoning Sond (Wankelmut Remix)

5 deutsche Pop-Songs mit Tanz-Garantie:

- Sportfreunde Stiller – Ein Kompliment (Unplugged)
- Wir Sind Helden – Nur ein Wort
- MIA. – Tanz der Moleküle
- Cro – Einmal um die Welt
- Die Toten Hosen – Tage wie dieser

5 Oldies, die auch heute noch rocken:

- Chubby Checker – Let's Twist Again
- Jerry Lee Lewis – Great Balls Of Fire
- Bill Haley – Rock Around The Clock
- Elvis Presley – Devil In Disguise
- Chuck Berry – Johny B. Goode

5 Latino-Songs, die alle Hüften zum Kreisen bringen:

- Gipsy Kings – Volare
- Michel Teló – Ai Se Eu Te Pego!
- Elvis Crespo – Suavemente
- Kaoma – Lambada
- Juanes – La Camisa Negra

5 R&B-Titel, bei denen niemand stillhalten kann:

- OutKast – Hey Ya!
- The Black Eyed Peas – I Gotta Feeling
- Beyoncé – Crazy In Love
- Estelle & Kanye West – American Boy
- Lumidee – Never Leave You

5 Soul-Titel für die Seele der Tanzfläche:

- Aretha Franklin – Think
- Mark Ronson feat. Amy Winehouse – Valerie
- Marvin Gaye und Tammi Terrell – Ain't No Mountain High Enough (Ben Human Remix)
- Pharell Williams – Happy
- Tom Jones – It's Not Unusual

Funk hoch 5:
- James Brown – Sex Machine
- Wild Cherry – Play That Funky Music
- Cameo – Word Up
- Diana Ross – Upside Down
- Mother's Finest – Baby Love

5 internationale Hip-Hop-Songs, die sich bewährt haben:
- Sugarhill Gang – Rapper's Delight
- MC Hammer – U Can't Touch This
- Vanilla Ice – Ice, Ice Baby
- Macklemore & Ryan Lewis – Can't Hold Us
- Jay Z & Alicia Keys – Empire State Of Mind

5 deutsche Hip-Hop-Stücke, die alle Hintern bewegen:
- Fettes Brot – Jein
- Jan Delay – Klar
- Das Bo – Türlich, Türlich
- Peter Fox – Alles Neu
- Die Fantastischen Vier – Picknicker

5 Mal mitreißender Alternative-Rock:
- Red Hot Chili Peppers – Can't Stop
- Blur – Song 2
- Nirvana – Smells Like Teen Spirit
- The Killers – Mr Brightside
- White Stripes – Seven Nation Army

5 Schlager, ohne die kein Hochzeits-DJ aus dem Haus gehen sollte:

- Marianne Rosenberg – Er gehört zu mir
- Dieter Thomas Kuhn – Über den Wolken
- Helene Fischer – Atemlos durch die Nacht
- DJ Ötzi – Ein Stern
- Dschingis Khan – Moskau

5 Mal Country für Squaredance und mehr:

- Rednex – Cotton Eye Joe
- Texas Lightning – No, No, Never
- Smokestack Lightnin' – Unknown Stuntman (Titelmusik von »Ein Colt für alle Fälle«)
- Johny Cash – Ring Of Fire
- Amy MacDonald – This Is The Life

Wenn schon Neue Deutsche Welle, dann bitte:

- Nena – Irgendwie, Irgendwo, Irgendwann
- Spider Murphy Gang – Skandal Im Sperrbezirk
- Felix De Luxe – Taxi Nach Paris
- Peter Schilling – Major Tom (völlig losgelöst)
- Trio – Da Da Da

5 Reggae-Songs, mit denen selbst für Karibik-Muffel die Sonne aufgeht:

- Bob Marley – Could You Be Loved
- Bob Marley – No Woman No Cry
- Snow – Informer
- Kate Yanai – Summer Dreaming (Bacardi Feeling)
- Sean Paul – Get Busy

5 orientalisch klingende Hits:
- Panjabi MC – Mundian to bach ke
- Chemical Brothers – Galvanize
- Tarkan – Simarik
- Dave Pike – Mathar
- Kelly Rowland – Work (Freemasons Radio Edit)

5 Stücke, in denen es nur um das Eine geht:
- Kings Of Leon – Sex on Fire
- James Brown – Sex Machine
- Prince – Kiss
- Tom Jones – Sex Bomb
- Christina Aguilera, Lil'Kim, Mya, Pink – Lady Marmalade

5 starke Songs, an die keiner mehr denkt und die gerade deshalb super ankommen:
- Run D.M.C. vs. Aerosmith – Walk This Way
- Counting Crows – Mr Jones
- Ini Kamoze – Here Comes the Hotstepper
- Fatboy Slim – Praise You
- Oliver Cheatham – Get Down Saturday Night

5 Partysongs, die ab 1,0 Promille richtig Stimmung machen:
- Die Atzen – Das geht ab! (Wir feiern die ganze Nacht)
- Deichkind – Remmidemmi
- Die Ärzte – Westerland
- Opus – Live Is Life
- David Hasselhoff – Looking For Freedom

5 käsige Titel vom Ballermann, die ab 1,5 Promille noch einen draufsetzen:

- Vollker Racho – Das Rote Pferd
- Hot Spot (feat. Zillertaler Gipfelstürmer) – Cowboy und Indiander (Hol das Lasso raus)
- Tim Toupet – Fliegerlied
- Cora & Axel Fischer – Amsterdam
- DJ Ötzi – Ein Stern

5 Grananten, die auch bei 0 Promille eine Polonäse zum Laufen bringen können:

- Herbert Grönemeyer – Mambo
- Peter Allen – I go to Rio (Live)
- Safri Duo – Played-A-Live (The Bongo Song)
- Hermes House Band feat. Tony Christie – (Is This The Way to) Amarillo
- Mr. President – Coco Jamboo

5 Titel, bei denen selbst die größten Langweiler aufwachen:

- Blues Brothers – Everybody Needs Somebody
- Olivia Newton-John & John Travolta – You're the One That I Want
- Jennifer Lopez – Let's Get Loud
- Gloria Estefan – Conga
- Queen – Don't Stop Me Now

5 Mal Eurodance:

- Dr. Alban – Sing Hallelujah
- Snap – Rhythm Is a Dancer
- Culture Beat – Mr Vain
- Haddaway – What is Love
- Whigfield – Saturday Night

5 Welthits Made In Germany:

- Snap – The Power
- Lou Bega – Mambo No. 5
- Nena – 99 Luftballons
- Boney M – Daddy Cool
- Milli Vanilli – Girl You Know It's True

5 wichtige Soundtracks:

- Blues Brothers
- Saturday Night Fever
- Dirty Dancing
- Grease
- Rocky Horror Picture Show

5 Bands, deren Musik auf jeder Hochzeit zum Einsatz kommt:

- ABBA
- Bee Gees
- AC/DC
- Rolling Stones
- U2

5 erfolgreiche Interpreten, die auf einer Hochzeit niemand hören will:

- Mariah Carey
- Bushido
- Sido
- Unheilig
- Lady Gaga

Die 5 krassesten Stücke, die ich je auf einer Hochzeit gespielt habe:
- Rage Against The Machine – Killing In The Name
- Beastie Boys – Sabotage
- The Prodigy – Firestarter
- Underworld – Born Slippy
- Emmanuel Top – Turkish Bazar

5 Songs, bei denen durch tobendes Publikum Inventar zu Bruch ging:
- House Of Pain – Jump Around
- Rage Against The Machine – Killing In The Name
- Nirvana – Smells Like Teen Spirit
- Blur – Song 2
- Discoboys – For You

5 genial arrangierte Titel für meine Pinkelpause, zu denen die Leute garantiert mehr als 5 Minuten durchtanzen:
- Bill Medley und Jennifer Warnes – (I've Had) the Time Of My Life
- Rolling Stones – Sympathy For The Devil
- Melissa Etheridge – Like The Way I Do
- James Brown – Sex Machine
- Whitney Houston – My Name Is Not Susan (70's Flange Mix)

5 Songs, zu denen ich am häufigsten vorm DJ-Pult mit tanze:

- Queen – Don't Stop Me Now
- OutKast – Hey Ya!
- Jackson Five – I Want You Back
- Red Hot Chili Peppers – Can't Stop
- Fatboy Slim – The Rockafeller Skank

Die 5 furchtbarsten Musikwünsche (für meinen Geschmack):

- Andrea Berg – Du hast mich tausendmal belogen
- DJ Ötzi – Ein Stern
- Pur – Party Hitmix
- Alles von David Guetta und seelenlose Dance-Hits von anderen Interpreten, die genauso klingen
- »Spielen Sie doch mal etwas Flottes«

5 Dinge, die einem Hochzeits-DJ das Leben schwer machen:

- Unqualifizierte Musikwünsche, zu denen keiner tanzt
- Unterbrechungen des DJ-Sets durch Vorträge, Torten und sonstige Stimmungsbremsen
- Unterschiedliches Empfinden von Lautstärke bei jüngeren und älteren Gästen
- Von der Gastronomie wie Luft behandelt werden (häufig wird vergessen, dass wir auch Menschen sind und etwas essen und trinken müssen, um bis zum Schluss durchzuhalten)
- Von aufdringlichen Gästen erklärt bekommen, wie Auflegen geht und was man denn im Allgemeinen so spielen sollte, meist eingeleitet mit den unheilvollen Worten »Ich war früher auch DJ ...«

Die 5 überflüssigsten Fragen, die man einem Hochzeits-DJ stellen kann (und ehrliche Antworten darauf, die wir uns aus Höflichkeit verkneifen):

- Haben Sie auch etwas aus den 80ern? (Natürlich, aber das ist ein ganzes Jahrzehnt mit Millionen von Songs. Bitte entweder ein konkretes Lied nennen oder einfach Klappe halten und weiterfeiern)
- Was haben Sie denn sonst noch so für Musik dabei? (Leider habe ich gerade keine Zeit, mal eben 10 000 Titel aufzuzählen)
- Kann ich meinen MP3-Player bei Ihnen anschließen? (Nein, auch kein iPhone, keinen USB-Stick und sonstige Datenquellen, mit denen vor zig Zeugen illegale Raubkopien auf den Rechner eines gewerblich gemeldeten DJs übertragen werden und die womöglich das Musikprogramm destabilisieren)
- Können Sie mal eine Polonäse machen? (Nein, das machen die Gäste und auch nur dann, wenn sie Lust dazu haben)
- Haben Sie zufällig einen Videobeamer dabei? (Nein, Sie vielleicht?)

Die 5 unangenehmsten Erlebnisse als Hochzeits-DJ:

- Aggressiver Gast nimmt mir meine 500-Euro-Brille von der Nase und geht damit weg
- Brautvater zwingt mich um 0 Uhr 30, die Musik auszumachen, weil sich ein betrunkener Verwandter auf der Tanzfläche danebenbenommen hat.
- Androhung von Schlägen, wenn ich nicht gleich »etwas Rockiges« spiele
- Massive Beschwerde eines einzelnen Meckerers über

die Musik genau beim Höhepunkt der Party, während
alle anderen Gäste mit erhobenen Armen auf der Tanzfläche feiern
- Nach einer anstrengenden Nacht rutscht beim Beladen
des Fahrstuhls im sechsten Stock mein Handy aus der
Tasche und fällt durch den schmalen Spalt in den Fahr-
stuhlschacht, aus dem dann ein fernes Klirren zu hören
ist

5 Dinge, die einen Hochzeits-DJ körperlich und geistig gesund halten:
- Maßgefertigter Gehörschutz
- Alkoholfreie Getränke
- Verdunkelungsrollo im Schlafzimmer
- Navigationssystem im Auto
- Menschenliebe

Beispiel für einen Ablaufplan

9.00 Uhr: Aufstehen, gemeinsames Frühstück des Brautpaars

10.00 Uhr: Aufbruch der Braut zu Freunden oder zum Friseur, damit der Bräutigam Brautkleid und Styling nicht vor der Zeremonie sieht

10.30 bis 13.30 Uhr: Ankunft Braut und Friseur bei Freunden, Make-up, Hairstyling Braut, umziehen

13.30 Uhr: Abfahrt Bräutigam zur Kirche. *Adresse angeben*
Mit von der Partie: Eltern und Trauzeuge Bräutigam

13.35 Uhr: Für Foto gestellte Abfahrt Braut zur Kirche
Mit von der Partie: Eltern und Trauzeugin Braut

13.40 Uhr: Abfahrt Braut zur Kirche
Mit von der Partie: Eltern und Trauzeugin Braut

14.00 Uhr: Bräutigam begrüßt die ersten Gäste vor der Kirche

14.20 Uhr: Einlass in die Kirche
Bräutigam und alle Gäste

14.30 Uhr: Einmarsch der Braut mit Brautvater
Beginn Gottesdienst und kirchliche Trauung

Fotoaufnahmen während der Trauung sind nach Anweisung des Pastors nur für den Fotografen erlaubt!
Trauzeugen mögen diese Info bitte weitergeben!

15.15 Uhr: Gemeinsamer Auszug aus der Kirche
Ansage Bräutigam: Glückwünsche werden hier noch nicht
entgegengenommen, sondern später beim Empfang im
Hotel

15.20 Uhr: Familien-, Trauzeugen- und Gruppenaufnahme
mit Fotograf an der Kirche

15.40 Uhr: Konvoi zum Hotel. *Adresse angeben*

16.15 bis 18.30 Uhr: Zur freien Verfügung. Einchecken
Gäste im Hotel
Auf den Zimmern: Zeitplan und Hochzeitszeitung

16.30 bis 17.30 Uhr: Paarfotos Brautpaar mit Fotograf.
Hotelpark, bei Regen alternativ Festsaal

17.30 bis 18.30 Uhr: Ruhepause für das Brautpaar

18.30 Uhr: Sektempfang vor Festsaal. DJ auf Stand-by
für Hintergrundmusik. Brautpaar nimmt Glückwünsche
und Geschenke entgegen

19.15 Uhr: Einlass Festsaal. Gäste nehmen Plätze ein.
Getränkeservice

19.25 Uhr: Begrüßungsrede Bräutigam

19.30 Uhr: Vorspeise Suppe wird an den Tischen serviert

19.50 Uhr: Nach Abdecken der Suppe: Rede Brautvater

20.00 Uhr: Eröffnung des Buffets durchs Brautpaar

ca. 20.40 Uhr: Nachdem alle Gäste einmal am Buffet waren, Rede Bräutigamsvater. Danach Durchsage Hochzeitsbuch durch den/die Zeremonienmeister

ca. 21.10 Uhr: Rede Bruder der Braut. Anschließend Durchsage Postkarten für das Brautpaar – Zeremonienmeister

21.20 Uhr: Eröffnung Dessert-Buffet mit Anschneiden der Torte. DJ: musikalische Untermalung für Tortenanschnitt

22 Uhr: Eröffnungstanz. *Titel angeben*. DJ für Party

22 bis 0.30 Uhr: PARTY. Zwischendurch bei passender Gelegenheit Wurf des Brautstraußes: DJ kurze Anmoderation

0.30 Uhr: Mitternachtssnack Currywurst. Kurze Ansage DJ. Party läuft weiter

ca. 3.30 Uhr: Cool-Down-Phase. Genauer Zeitpunkt in Absprache mit DJ

ca. 4 Uhr: Verabschiedung der letzten Gäste

Wichtige Rufnummern:

Trauzeugen (mindestens einer sollte an dem Tag immer per Handy erreichbar sein)
Zeremonienmeister (sollte an dem Tag unbedingt per Handy erreichbar sein)
Hotel (ggf. Durchwahl Bankett- bzw. Service-Leiter)
DJ, Fotograf, Florist, Konditor, etc.

Danksagung

Ich möchte mich zuallererst bei den mehr als 350 Brautpaaren bedanken, die mir in den letzten acht Jahren die musikalische Rahmengestaltung ihrer Hochzeitsfeier anvertraut haben. Mein besonderer Dank gilt denjenigen unter ihnen, die offen waren für meine Tipps, die sich dann in der Praxis bewähren konnten und die ab jetzt hoffentlich ganz vielen Brautpaaren wunderschöne Feiern bescheren werden.

Meine Eltern Anni und Emmerich haben mich von Kindesbeinen an bei allen meinen Entscheidungen unterstützt, egal wie unkonventionell sie waren. Ohne Euch könnte ich nicht so frei und erfüllt leben, wie ich das jetzt glücklicherweise tue. Ich liebe Euch und werde Euch auf ewig dankbar sein. Auch meine Geschwister Sabine und Michael drücke ich an dieser Stelle herzlich. Danke, dass Ihr immer offene Ohren für meine verrückten Ideen hattet und für mich da wart, wenn ich Euch gebraucht habe.

Für die grundlegende inhaltliche und konzeptuelle Unterstützung gilt mein Dank meinen maßgeblichen Ideengebern, dem Ehepaar Jessica und Sebastian Fuchs. Ohne Euch gäbe es dieses Buch nicht! Die Herangehensweise an das Thema und den Erzählstil habe ich Euch zu verdanken. Und mein lieber Freund Basti: Nicht zu vergessen auch deine gigantische Starthilfe vor acht Jahren, ohne die ich niemals DJ geworden wäre! Wer hätte damals gedacht, dass dieser »Nebenjob« solche Ausmaße annehmen würde und nun sogar die Basis für mein erstes Buch bildet? Eher hätte ich mit einem Sechser im Lotto gerechnet als damit.

Für inhaltliche Ergänzungen bedanke ich mich bei dem kompetenten DJ-Kollegen Thomas Rother und bei seiner als Hochzeitsfotografin tätigen Frau Simona, sowie bei den Fotografinnen Michaela Kuhn und Alina Atzler, ebenso bei dem Ehepaar Ece und Chris Kürschner.

Mein Literaturagent Daniel Wichmann hat inhaltlich wertvoll auf das Projekt eingewirkt und einen tollen Verlag dafür begeistern können – danke dafür. Des Weiteren gilt mein Dank meiner Lektorin Doreen Fröhlich sowie Leena Flegler, die von Seiten des Verlages alles von Anfang an in die richtige Richtung gelenkt haben. Die Zusammenarbeit hat großen Spaß gemacht.